Über den Autor:

Der Autor Dietger Michaelis, Jahrgang 1947, beschäftigt sich seit über 30 Jahren intensiv mit der zunehmenden Zerstörung unseres Planeten durch die immer risikoreichere Ressourcenausbeutung - insbesondere mit den Auswirkungen des Bauens auf den Energie- und Ressourcenverbrauch.

Er kann die Aura einzelner Menschen, Tiere und Pflanzen, aber auch ein übergeordnetes Energiefeld sehen und fühlt sich erdnahen Energien, den „Kindern der Erde" besonders verbunden.

Seit mehr als 25 Jahren entwickelte und realisierte der Oberstudienrat und Bauingenieur ressourcenschonende Bau- und Wohnkonzepte. 1990 eröffnete der Autor sein „Zentrum für Ökologisches Bauen und Energietechnik" und wurde damit zu einem der Vorreiter für professionelle Planung und Ausführung des ressourcenschonenden Bauens. Er ist Mitbegründer des Öko+ - Fachhandelverbandes, der sich die Bewertung und Verbreitung von umweltverträglichen Baustoffen und regenerativen Energiesystemen auf seine Fahne geschrieben hat.

Als Bürgermeister seines Dorfes versuchte er schon vor 25 Jahren, gemeinsam mit den Nachbargemeinden, eine von den großen Energieversorgern unabhängige, dezentrale Energieversorgung aufzubauen - damals jedoch vergeblich. Zu stark war der Gegenwind durch den damaligen Energieversorger und zu groß die Angst einiger Gemeinden, vor dem unbekannten Weg!

In seinem Seminarhaus bietet der Autor seit 2011 gemeinsam mit dem Medium Anja Naumann Veranstaltungen und Info-Abende an, um Menschen dabei zu unterstützen, sich mit allem in Liebe, Respekt und Dankbarkeit verbinden zu können und zu einer neuen inneren Freiheit zu finden. www.seminarhaus-hohenhorn.de

Dietger Michaelis

Der Blick aufs Ganze

- Dietger und wie er die Welt sah -

1. Auflage (2014)

Autor: Dietger Michaelis
Umschlaggestaltung, Illustration: Merlin Michaelis
Umschlagfoto: Dietger Michaelis

Printed in Germany

Verlag: tao.de in J. Kamphausen Mediengruppe GmbH, Bielefeld, www.tao.de, eMail: info@tao.de

Bibliografische Information der Deutschen Nationalbibliothek: Die Deutsche Nationalbibliothek verzeichnet diese Publikation in der Deutschen Nationalbibliografie; detaillierte bibliografische Daten sind im Internet über http://dnb.d-nb.de abrufbar.

ISBN Hardcover: 978-3-95802-182-2
ISBN Paperback: 978-3-95802-181-5
ISBN e-Book: 978-3-95802-183-9

Inhalt

Es war ein Tag wie jeder andere in diesem Herbst - und dennoch sollte er mein Leben verändern. Es war kurz vor Mitternacht, der Himmel leicht bewölkt. Nur das schwache Licht einiger Straßenlampen leuchtete uns den Weg. Uns, das waren mein 18-jähriger Hund Schröder und ich, fast 50. Unser nächtlicher Ausgang war gemächlich, fast mühsam, da Schröder kaum noch hören oder sehen konnte und ihm jeder Schritt schwerfiel. So waren wir wohl beide in Gedanken über den vergangenen Tag versunken, als es passierte: Ein Rad aus Licht mit drei Speichen kam, sich langsam um seine Achse drehend, auf uns zu. Die „Speichen" je zwei elypsenförmige Gebilde aus gelblich-weißem Licht, der „Reifen" aus unzähligen Lichtpunkten, wie verdampfender Stickstoff mit Licht gemischt.

Meine Angst und Faszination steigerten sich mit jedem Meter, den das unbekannte Flugobjekt sich mir näherte. Schließlich war es nur noch wenige Meter entfernt und zeigte sich in seiner ganzen Größe; etwa acht bis neun Meter im Durchmesser. Es stand in der Luft und drehte sich langsam um seine Achse.

„Jetzt holen sie mich!", schoss es mir durch den Kopf. „Nichts wie weg!"

Wenn da nicht der Hund wäre. Er schien nichts zu bemerken, schnupperte seelenruhig im Gras und wehrte sich mit aller noch vorhandenen Kraft, mit mir zu fliehen.

Endlich, nach mir ewig erscheinender Zeit, entfernte sich das UFO langsam einige Meter, sich weiter um seine Achse drehend, bis es innehielt und wieder Kurs auf uns zunahm. Nun bewegte sich auch Schröder - wir liefen, so schnell es uns möglich war, nach Hause. Endlich in Sicherheit! Mit schlotternden Knien und doch fasziniert und überwältigt von dieser „Nicht-aus dieser Welt-Erscheinung", schaffte ich es schließlich, mir eine Flasche Bier zu öffnen und mit zittrigen Händen eine Zigarette anzuzünden.

In der folgenden Woche traute ich mich abends nicht mehr aus dem Haus, dann aber siegten Neugier und Faszination. Wochenlang suchte ich nun den Himmel ab nach „verdächtigen Lichterscheinungen". Sah „merkwürdige" Lichter, die in rasender Geschwindigkeit ihre Flugrichtung veränderten - aber mein „Lichtrad" blieb verschwunden.

Erklärungsversuche

Als Berufschullehrer und Architekt war ich es gewohnt, mir die Welt mit Hilfe der Naturwissenschaften zu erklären. Folgerichtig ging ich „wissenschaftlich" vor und traf ich mich mit Physikern, um herauszufinden, wie solche „Phänomene" entstehen. Ihre Erklärungsversuche, es könnte sich um Spiegelungsphänomene über unterirdischen Wasserflächen handeln, stellten mich ebenso wenig zufrieden wie die UFO-Spur, mit der ich mich als nächstes beschäftigte. Ich hatte schließlich ein Rad aus Licht gesehen; kein bemanntes oder unbemanntes metallisches Flugobjekt außerirdischer Zivilisationen!
Je länger ich mich mit der Möglichkeit auseinandersetzte, dass außerirdische Zivilisationen unser Leben auf der Erde beeinflussen, wurde mir eines klar: Ich will nicht, dass es so ist oder dass es so sein könnte! Außerirdische, die in mein Leben eingreifen, mich vielleicht sogar manipulieren, wie die angeblich von UFOs Entführten berichten, nein danke!

Ich brauchte mehr Zeit, um Licht ins Dunkle zu bringen, also beschloss ich: Ich nehme mir ein Jahr Auszeit und lass mich überraschen, wo mich meine Suche hinführt.

Reaktionen meiner Umwelt

Ich hatte permanent das Bedürfnis, allen Menschen- ob sie es wollten oder nicht- möglichst exakt mitzuteilen, was ich erlebt hatte und wie überwältigend mein Lichterlebnis war. War überzeugt: „Das muss die Welt wissen!“ Mit den Reaktionen meiner Umwelt hätte ich vielleicht rechnen müssen, verletzt haben einige mich dennoch.

„Wie viel hattest du getrunken?“

„Welche Drogen nimmst du denn?“

„Müssen wir uns Sorgen um dich machen?“

Gott sei Dank gab es auch andere Rückmeldungen:

„Wow, warum passiert mir sowas nie!“

„Was für ein Geschenk!“

„Es ist eine Gnade, so etwas erleben zu dürfen!“

Und für mich?

Zweifel an meinem Geisteszustand kamen mir nie! Mir war klar, dass ich einen Blick in eine für die meisten Menschen unsichtbare Welt hatte werfen dürfen. Eine Idee in welche, hatte ich nicht.

In den folgenden zehn Jahren der Suche nach Erklärung für dieses Lichtphänomen lernte ich außergewöhnliche Menschen kennen, die mich tief berührten und die besonders wichtig für meine heutige Vorstellung der sichtbaren und der unsichtbaren Welten wurden. Ich traf auch viele, die mir von ihren eigenen Erfahrungen erzählten - von Lichtkugeln auf der Autobahn bis zu Engeln, die plötzlich auf dem Beifahrersitz platznahmen und zu sprechen anfingen. Von Menschen, die zur Begrüßung ihre Maske abnahmen, von Wächtern, die immer noch mittelalterliche Stadttore bewachen und von Verstorbenen, die sich in Häusern zeigten. Oft begannen ihre Berichte mit den Worten: „Ich hab es ja bisher noch niemanden erzählt, nicht einmal meinem Partner, aber nun …“

Aus der anfänglichen Suche nach einer Erklärung für das Lichterlebnis wurde eine Suche nach Erkenntnis über einen möglichen Sinn des Lebens, meines Lebens. Aber der Reihe nach.

Die Reise beginnt

Mutter Meera

Ein Kollege, dem ich (natürlich) auch von meinem Erlebnis erzählte und der neben seiner Lehrertätigkeit Yogakurse gab, fragte mich:" Hast du schon mal von Mutter Meera im Westerwald gehört? Die gibt Darshas. Vielleicht hilft dir das weiter."

Natürlich hatte ich weder von Mutter Meera noch von Darshas - auf Deutsch Segnungen -gehört, war aber neugierig geworden. Rief sofort bei ihr an und sicherte mir einen Platz für vier Abende bei ihren Darshas. Das war gar nicht so einfach, da der Andrang riesig war. So musste ich sechs Wochen warten, obwohl der Raum für die Darshas über 200 Personen Platz bot.

Gesprochen wurde vor, während und nach der Zeremonie des Segnens nicht. Geordnet in mehreren Reihen konnte jeder vor „Der Mutter" knien, bekam ihre Hände aufgelegt, schaute ihr tief in die Augen und setzte sich wieder auf seinen Platz. Das hört sich nicht nach berührendem Erlebnis oder gar nach Erleuchtung an - und es war es am ersten Abend auch nicht. Vielleicht musste ich mich erst ganz öffnen oder ganz ankommen nach meiner Fahrt in den Westerwald.

Als Mutter Meera mir am zweiten Abend die Hände auflegte, durchfuhr mich ein Schauer, ein Schauer Liebe, so rein und berührend, wie ich es bis dahin nie erfahren hatte. Beim Blick in ihre Augen erschien es mir, als ob ich in Alles schaue, in Alles was ist und in Alles zu allen Zeiten. Hört sich ziemlich abgefahren an, war es auch.

Diese Erfahrungen wiederholten sich am dritten und vierten Abend. Ich war so aufgeladen mit liebevollen Gefühlen, als ich wieder nach Hause fuhr; so dankbar für diese Erfahrung, dass mein ursprünglicher Wunsch, mehr über mein Lichterlebnis zu erfahren, mir nicht mehr so wichtig erschien. Ich hatte einen Weg gefunden, eine Liebe zu spüren, wie ich es in all meinen bisherigen Lieben und Verliebtheiten - und das waren nicht gerade wenige - nicht erlebt hatte.

In den nächsten Monaten hielt dieses Gefühl an. Ich war glücklich und ließ es auch meine Umwelt spüren. Menschen, die mir bis dahin eher ablehnend oder sogar aggressiv begegneten, grüßten mit einem Mal freundlich, fragten, ob sie mir behilflich sein könnten oder lächelten mich einfach nur an. Und das alles, weil sich meine Ausstrahlung verändert hatte?

Rosalyn Bruyere

Ich war neugierig geworden auf diese „Neue Welt". Kurze Zeit später las ich in einem Veranstaltungskatalog für Workshops und Seminare, dass am Chiemsee regelmäßige Veranstaltungen für alternative Heilmethoden stattfinden. Eine Amerikanerin unterrichtete gemeinsam mit ihrem Mann Kenn, wie Kranke als Ergänzung zur herkömmlichen Medizin nur durch Handauflegen geheilt werden können.

Ich weiß nicht, was mich daran so faszinierte, dass ich mich sofort für die nächsten Veranstaltungen mit den Themen „Herzchakra" und „Zeremonien und Rituale" anmeldete. Vielleicht war es der unbewusste Wunsch, selber „heil" zu werden oder der Gedanke, meinen Kindern helfen zu können, wenn sie krank würden? Faszinierte mich nicht auch ein weiterer Aspekt der Seminare: Die Vermittlung von Wissen vergangener Kulturen?

Rosalyn, ursprünglich Elektroingenieurin, arbeitet seit vielen Jahren als Heilerin, Medizinfrau und Forscherin in Kalifornien. In mehreren Studien führte sie den Nachweis, dass Chakras -bekannt auch als Energiezentren oder Räder des Lichts - und ihre erzeugten Energiefelder nicht nur in direktem Zusammenhang zu unseren Gefühlen und Gedanken stehen, sondern dass sie auch messbar sind. Für mich jedoch viel wichtiger, dass sie Körper und Geist gesund erhalten - beides vielleicht sogar geschaffen haben.

Die Bedeutung der Lichträder beschreibt Rosalyn so: „Sie bestimmen, wie wir Realitäten erleben und welches Verhältnis wir zu uns und unseren Mitmenschen haben." Voller Licht zu sein, bedeutet „voll von Leben".

Eine neue Welt begann sich mir zu erschließen. Ich lernte, wie ich den Energiefluss bei anderen Menschen mit meinen Händen erspüren und steuern kann und dass die Wirkung enorm verstärkt wird, wenn mehrere Personen gemeinsam „behandeln". Dass Energie immer der Aufmerksamkeit folgt; wenn man also den Fokus auf eine Mangelsituation oder eine Krankheit legt, sich diese verschlimmert; umgekehrt die Konzentration auf die Heilung mit liebevoller Absicht zum Erfolg führt.

Das Seminar „Herzchakra", an dem rund 150 Personen aus Deutschland, Österreich und der Schweiz, aber auch aus den USA teilnahmen, größtenteils Ärzte und Heilpraktiker, war für mich nicht nur der Einstieg in praktische Energiearbeit, es brachte mich auch erstmals in Kontakt mit der geballten Energie so vieler Menschen und einer völlig neuen Dimension von Schwingung.

Ich hatte zu der Zeit allerdings keine Ahnung, was ich meinem Körper und meiner Psyche zumutete. Am Ende des ersten Abends war ich so aufgeladen, dass ich die ganze Nacht nicht schlafen konnte und im Raum hin und her ging in der Hoffnung, ich könnte dieses Zuviel an Energie irgendwie loswerden. Ich kann nur jedem empfehlen, erste Fahrversuche nicht in einem Rennwagen zu starten, sondern Körper und Psyche Schritt für Schritt an ungewohnte Frequenzen heranzuführen. Ich ignorierte alle Signale des Körpers und musste erleben, dass mein Kreislauf verrücktspielte, hoch und runter schoss - ich mich im Krankenwagen auf dem Weg zum nächsten Krankenhaus wiederfand. Diagnose: Panikattacke. Erste Frage des Notarztes: „Haben Sie irgendwelche Drogen genommen?“ Er konnte überhaupt nicht nachvollziehen, wie man nur durch „Energiearbeit“ in diesen Zustand kommen konnte, gab mir eine Beruhigungsspritze und fuhr mich ins Krankenhaus. Dort angekommen, hatte sich mein Kreislauf bereits wieder normalisiert, ich fuhr mit einem Taxi zurück und nahm schließlich weiter am Seminar teil.

Abgeschreckt hatte mich diese Erfahrung nicht. An den nächsten Seminartagen hörte ich aber auf Signale meines Körpers und verließ den Raum, sobald ich bemerkte, dass ich vielleicht das Bewusstsein verlieren könnte! Trotz aller angsteinflößenden Momente - ich wollte unbedingt mehr über die Wirkung von Energieströmen auf den menschlichen Körper herausfinden.

Als nächstes lernte ich, dass es Licht- und Energiezentren innerhalb und außerhalb des menschlichen Körpers gibt, wobei sieben der sich drehenden elektromagnetischen Felder unsere „Aura“ erzeugen. Diese Zentren bezeichnet man auch als Chakras oder Lichträder. Da war es wieder: mein Lichtrad!

Hinweise zur Bedeutung und zum Heilpotenzial der Chakras lassen sich sowohl in der indischen Kultur, bei den Ägyptern und Griechen als auch in den Lehren der indianischen Heiler finden. Besonders faszinierten mich die Ägypter und ihre Mysterienschulen, in denen sie nicht nur ihre Weisheitslehren weitergaben, sondern auch ganz praktisch medizinisch behandelten. Als Bestandteil der Abschlussprüfung wurden die Prüflinge in Sarkophage gelegt, nachdem sie eine Woche lang gefastet und gebetet hatten. Der Sarkophag wurde schließlich mit einem 25 Zentner schweren Deckel verschlossen. Auf diese Weise wurden sie in eine Art Scheintod versetzt - ihr Geist konnte in diesem Zustand die vier Regionen Ägyptens bereisen. Nach neun Tagen wurden die Prüflinge aus den Sarkophagen befreit. Sofern sie überlebt hatten, mussten sie den Hohepriestern berichten, was während der neun Tage in Ägypten geschehen war. Erst mit dem Bestehen dieser Aufgabe waren sie würdig, in der Mysterienschule zu unterrichten und zu heilen.

Meine Neugier wurde immer größer – Lichtrad, Heilung und die Aussicht auf Einblicke in das Wissen alter Kulturen! Ich musste mich ja nicht unbedingt in einen Sarkophag legen … den eigenen Körper zu verlassen und an andere Orte zu reisen, war sicherlich auch in anderen meditativen Zuständen möglich.

Das Seminar „Rituale und Zeremonien" wurde für mich zum Einstieg in die „Geistige Welt". Geistführer, Seelenfamilien, nette und nicht so nette Geister – alles überaus spannendes Neuland für mich.

„Geistführer", alleine das Wort! Das hörte sich für mich an, als ob es jemanden geben würde, der einen festen Plan hat und dem ich, wohin er mich auch führt, folgen müsste. Kein gutes Gefühl! Zu der Zeit konnte ich diese „Geistführer-Energie" weder sehen noch verstehen. Und es vergingen weitere Monate, bis ich bei der Veranstaltung mit einem englischen Medium zum Thema „Geistführer" den Namen meines „Geistführers" erfuhr: Shalon! Einige Wochen später konnte ich ihn auch physisch wahrnehmen, heißt, ich konnte körperlich spüren, wenn er anwesend war. Ich empfand ein Gefühl im Nacken, als ob ich liebevoll umarmt werde. Gänsehaut überzog meinen Körper! Über seinen Namen war es mir schließlich auch möglich, ihn zu bitten, mich zu unterstützen. Einmal gelang es mir sogar, Shalon für einen kurzen Moment zu sehen. Er sah aus wie ein riesiger Araber mit einem Turban auf dem Kopf und schwebte bei einer Energiebehandlung, die ich von Freunden bekam, über mir.

Jahre später, nachdem ich selbst gelernt hatte, Energien zu sehen, konnte ich die geistigen Helfer auch bei anderen wahrnehmen. Ich erinnere mich ganz besonders an ein Violinenkonzert mit Klavierbegleitung: Zwei bis drei Meter hohe Gestalten ohne Arme und Beine „wuchsen" aus den Schultern der Künstler. Oft waren es mehrere Wesen gleichzeitig. Ihre blau-violetten „Körper" schwankten, wie von einer leichten Brise im Raum hin und her bewegt. Kreative Menschen scheinen besonders große Unterstützung aus der geistigen Welt zu erfahren …

Von Rosalyn erfuhr ich, dass alle Menschen Helfer haben, die aber nicht permanent anwesend sind. Um Kontakt und Unterstützung muss man bitten. Helfer begleiten uns eine Zeit lang, bis wir eine neue Qualität der Hilfe benötigen, dann wechselt der Helfer. Manchmal sind es auch mehrere gleichzeitig. Keine Ahnung, wer die Auswahl trifft!

Von vielen werden Geistführer auch als Schutzengel bezeichnet. Ob Schutzengel identisch mit Geistführern sind, hat sich mir bis heute nicht erschlossen, ist für mich auch nicht so wichtig. Wichtig ist für mich vielmehr, dass wir Unterstützung von ihnen bekommen, besonders in Zeiten, in denen es uns nicht so gut geht. Dann können wir sie oft auch körperlich spüren.
Unsere Helfer unterstützen nicht nur uns, sondern auch andere. Wenn ich beispielsweise Menschen Energie übertragen will, um ihr Energiefeld zu harmonisieren, bitte ich zuvor um die Unterstützung durch meine Helfer, aber auch um die Unterstützung durch die Helfer der anderen Person. Wenn sich dann der ganze Raum mit bedingungsloser Liebe füllt, könnte ich schreien vor unendlichem Glücksgefühl. Ihr könnt euch vielleicht vorstellen, wie es sich erst anfühlt, wenn 150 bis 180 Personen mit ihren Helfern gemeinsam in einem Raum diese Liebe erleben dürfen!

Am Seminar „Rituale und Zeremonien“ nahmen auch einige von Ärzten als „austherapiert“ entlassene Patienten teil - vielleicht die letzte Hoffnung für sie, durch die Kraft so vieler „Heiler“ ihre Krankheit zu besiegen. Welch eine Energie in dem Raum! 180 Menschen und mindestens noch einmal so viele Helfer unterstützten die Kranken mit einer machtvollen Heilungszeremonie.
Nach Abschluss der Zeremonie konnte ich mich noch lange nicht von meinem Platz lösen, zu überwältigend war das Gefühl, an etwas ganz Besonderem teilgenommen zu haben, Teil einer unend-

lich großen Liebe geworden zu sein, die Alles bewirken kann. Jetzt war ich sicher: Liebe heilt alles! Liebe ist der Schlüssel zu Allem!

Nun gut, der Schlüssel zur Heilung schien gefunden - aber: Wie entstehen denn überhaupt Krankheiten?

Krankheit als Weg

Sind alle Krankheiten psychisch verursacht, wie Thorwald Dethlevsen in seinem Buch „Krankheit als Weg" beschreibt? Sind sie alle Reaktionen des Körpers auf Probleme und Traumata, die nicht verarbeitet wurden? Auf Karma, Vererbung, Ernährung, Lebensführung, Trennung von der Einheit, Seelenaufgaben? Oder ist alles einfach nur Zufall? Ein weites Feld! Wie kann da eine ausschließliche Behandlung der Symptome bei dieser Vielzahl an möglichen Ursachen für Krankheiten wirklich zu einer langfristigen Verbesserung unserer Gesundheit führen?

In westlichen Kulturen wird Gesundheit oft als „frei von Krankheit" definiert. Für die Ägypter bedeutete Gesundheit „voller Licht" zu sein - das war sicherlich mehr, als nicht krank zu sein. Sind also alle, die voller Licht sind, frei von Krankheiten - und wenn ja, wie kann man es erreichen, voller Licht zu sein?

Als ich vor einigen Jahren, ich war fast 50, ohne Vorbereitung meines Körpers durch „Aufwärmen" oder Dehnung der Muskeln mit Freunden Fußball spielte, verriss es mich.
Die fachlich präzisere Diagnose lautete: Muskelfaserriss im Unterschenkel.

Mein Hausarzt verpasste mir einen Verband und empfahl mir, das betroffene Bein möglichst oft hoch und ruhig zu legen.

Zwei Tage später, der Verband war immer noch fest um meine Wade gewickelt, begann mein Fuß, nicht das Bein, dunkelblau an-

zulaufen, fast schwarz! Panik ergriff mich. Starb der Fuß ab? Musste er amputiert werden?
Die nächsten Wochen verbrachte ich überwiegend in Arzt- und Heilpraktikerpraxen auf der Suche nach der Ursache für die Verfärbung meines angsterregend aussehenden Fußes. Natürlich achtete ich bei der Auswahl der Ärzte darauf, nur die Crème de la Crème ihres Faches aufzusuchen. Trotzdem stellte jeder von ihnen eine andere Diagnose und schlug eine andere Behandlung vor. Tag für Tag und Woche für Woche vergingen. Diagnosen und Behandlungsmethoden hatte ich eine ganze Menge kennengelernt - mein Fuß war aber immer noch schwarz! Fast stündlich zog ich meinen Socken aus; vielleicht hatte sich ja die Farbe verändert? Hoffentlich nicht noch schwärzer!

Nach rund zwei Monaten startete ich meinen letzten Versuch. Eine Kinesiologin testete mich und erklärte: „Sie haben alles zur Heilung Notwendige getan. Trinken Sie noch dieses Glas Wasser. Sie werden sehen, der Fuß wird innerhalb der nächsten drei Tage wieder seine ganz normale Farbe annehmen." Ich traute der angekündigten Heilung nicht ganz - und siehe: Die Farbe blieb auch noch am vierten, am fünften und am sechsten Tag!
Jetzt hatte ich die Nase voll! Mir wurde klar: Ich konnte meine Gesundheit nicht den Ärzten alleine überlassen. Ich musste einen Weg finden, um mich selber zu heilen!

Ich las Bücher, in denen es um Zusammenhänge zwischen Körperteilen, Psyche und Krankheiten ging. Fragte mich, warum gerade mein linker und nicht mein rechter Fuß betroffen war? Warum mein Fuß und nicht mein Knie? Welchen Vorteil brachte mir meine Verletzung? Welches Problem, das ich noch nicht bearbeitet und gelöst hatte, wollte mir mein Fuß näherbringen?

Ich kann mich nicht mehr genau erinnern, zu welchen Ergebnissen ich dabei gekommen bin. Eines weiß ich aber genau: Mein Fokus hatte sich verschoben. Ich kontrollierte nicht mehr stündlich meinen bedrohlich aussehenden Fuß. Manchmal stellte ich überrascht fest, dass ich ihn ganz vergessen hatte. Und schließlich bemerkte ich mehr zufällig beim Duschen, dass er wieder ganz normal aussah!

Was war geschehen?

Aus heutiger Sicht erscheinen mir zwei Aspekte besonders wichtig für die Heilung: Ich hatte erstens der Krankheit Energie entzogen, indem ich nicht mehr voller Angst an den Fuß gedacht hatte, sondern meine Energie in die Heilung der Krankheit verlagerte. Zweitens hatte ich meine Hoffnung losgelassen, dass Personen von außen meine Probleme für mich lösen könnten und stattdessen meine Energie darauf gerichtet, mich mit möglichen Ursachen meiner Krankheit auseinanderzusetzen.

War für eine Heilung möglicherweise gar nicht mehr nötig?

Nicht immer erscheint es möglich, die Ursache oder wenigstens den Auslöser von Krankheiten eindeutig zu erkennen.

Neben eher selten auftretenden gemeinsamen Auslösern schwerer Krankheiten, gibt es natürlich auch immer individuelle Ursachen für Erkrankungen.

„So ist zum Beispiel das Leben von Krebspatienten oft voll von Krisen und Verlusten. Sie meinen, sie hätten es nicht besser verdient. Schwierigkeiten damit, ihre Kraft zu akzeptieren und zu nutzen. Der Mangel an Vitalität, die missbräuchliche Nutzung von Kraft und Macht, unverarbeitete Trauer und Ängste führen oft dazu, dass der Körper unfähig wird, weiße Blutzellen zu produzieren, durch die bösartige Wucherungen bekämpft werden könnten. Gelingt es Patienten, ihre psychisch-seelische Situation zu verändern, kann ihr Körper die bösartige Krankheit besiegen.“ Davon ist jedenfalls Rosalyn überzeugt.
Schon an dieser Stelle wird deutlich, dass Kranke sich letztlich immer selber heilen. Ärzte oder andere Heiler können nur den Rahmen, in dem Heilung erfolgt, schaffen.

Die Krebszelle schwingt nach Untersuchungen von Dr. Valerie V. Hunt, Leiterin der Forschungsabteilung für Kinesiologie an der UCLA - Universität in Los Angeles, wesentlich langsamer als die gesunde Zelle. Das Ziel von energetischen Heilbehandlungen ist, durch erhöhte Frequenzen die Eigenschaften der Tumorzellen so zu beeinflussen, dass diese Zellen sich den Zellen in ihrer Umgebung angleichen.
Ich würde aber nicht so weit gehen zu behaupten, dass alleine die Erhöhung der Schwingung ausreicht, einen Patienten vom Krebs zu befreien. Eine Behandlung sollte auf mehreren Ebenen erfolgen: Der körperlichen, der psychischen und der energetischen.
Nach meiner Erfahrung passt zu jedem Patienten „seine" Behandlungsmethode und „sein" Behandler oder seine Behandlerin. Viele Methoden können bei der Heilung erfolgreich sein.
Rezepte nach denen jeder erfolgreich behandelt werden kann, gibt es für mich nicht. Ist bei dem einen Patienten Chemotherapie und Bestrahlung erfolgreich bei der Tumorbekämpfung, ist es für Andere der Heiler aus Indien oder dem Regenwald.
Wichtig für die Heilung erscheint mir das absolute Vertrauen in den Behandler und seine Methode.
Die manchmal geführte Diskussion, ob die „westliche Medizin" besser oder schlechter als die „östliche Medizin" ist oder ob schamanische Heilweisen der richtige Weg für unsere Seele sind, bringt uns nicht weiter. Unser Körper benötigt manchmal Hilfe zur Selbsthilfe; das kann auch durch ein Skalpell oder durch ein Medikament gelingen.
Rein energetische Behandlungen stoßen in einigen Fällen an ihre Grenzen. Besonders schwer fällt es, uns selber oder Familienmitglieder erfolgreich energetisch zu behandeln.
Wir sind schließlich oft Teil der Ursache und in derselben Schwingung, die zu der Krankheit geführt hat.

Bin ich heute durch meinen „Ausflug" in die Welt der Krankheiten und der Heilung ein Stück heiler, ein Stück mehr „voller Licht"? Sicherlich hat mir der Versuch, Körper-Geist-Seele als Einheit zu

sehen dabei geholfen, mich selbst besser zu verstehen. Der Ausflug hat mir aber auch meine Grenzen aufgezeigt - bei Eigenbehandlungen und bei Wünschen, die nicht im Einklang mit meiner Seele stehen.
Die Entdeckung der Lichträder und ihr Einfluss auf unsere Gesundheit haben meine Sicht, dass wir spirituelle Wesen sind, die menschliche Erfahrungen machen, gestärkt.
Die Erfahrung, durch Helfer aus der „Geistigen Welt" bei unseren Heilungsprozessen unterstützt zu werden, hat mich insbesondere bei Behandlungen, die liebevolle Verbundenheit mit anderen Welten auch körperlich spüren lassen. Diese unendlich große Liebe, die alle Zellen durchdringt. Diese Flut von Licht.
Der Weg ging weiter; hin zum Licht!

Friedenschließen

Mein Weg zu mehr Licht in meinem Leben verlief nicht immer ohne Widerstände und voller Liebe. Wenn es zum Beispiel meinen Kindern oder meinem Hund nicht gut ging, ging es mir auch nicht gut. Ihre Schmerzen und Sorgen ließen mich mitleiden. Anstelle von Mitgefühl versank ich sofort in Mitleid und schaffte es nicht, ihren Teil der Verantwortung für ihr Leben, auch bei ihnen zu lassen. So war ich nicht mehr voller Licht und Liebe! Zweifel und Ängste bestimmten dann mein Leben. Ich musste das ändern! Wer konnte mir helfen?
Familienaufstellung?
Gemeinsam mit einer Therapeutin versuchte ich herauszufinden, was mich immer wieder aus meiner Mitte warf. Warum fühlte ich mich für alles verantwortlich, was meinen Kindern und meinem Hund zustieß? Einige Therapiestunden später war mir klar: Die Ursache war in meiner Kindheit zu finden.
Die Erfahrung, dass mich meine Eltern nicht wollten und versucht haben, mich abzutreiben, saß tief. Wie konnte ich da Vertrauen in

Andere aufbauen? Konnte ich es je schaffen, bedingungslos zu lieben?

Durch Rollenspiele und Aufstellungen lernte ich, meine Eltern und ihre Situation zu verstehen; ihnen zu verzeihen, gelang mir nur begrenzt. Da hörte ich von der „Radikalen Vergebung".
Colin C. Tipping benutzt in seinem Buch: „Ich vergebe" den Begriff „radikal", um sich von der herkömmlichen Vergebung abzugrenzen. Es geht bei dieser Methode darum zu verstehen, dass der Andere, der mich verletzt hat, nicht anders konnte, weil er oder sie durch eigene Muster und Erfahrungen, so handeln musste. Wenn mich also meine Mutter abtreiben wollte, tat sie das, weil ihre Eltern es „unmöglich" fanden, dass sie ein drittes Mal schwanger geworden war. Schwanger von einem Mann, den sie wegen seiner mangelhaften Bildung als nicht standesgemäß ansahen. Schwanger in einer Zeit, in der es darum ging, etwas Neues, beruflich und politisch, aufzubauen.
Hinzu kam, dass mein Vater, der gerade erst aus der Kriegsgefangenschaft zurückgekommen war, daran zweifelte, dass er der leibliche Vater sei. Schließlich gab es scheinbar potentielle Vaterschaftskandidaten unter den englischen Besatzern.
Dass meine Mutter unter diesen Umständen kein Kind bekommen wollte, kann ich heute nachvollziehen und ihr verzeihen! Tipping geht aber noch weiter bei seiner „Radikalen Vergebung". „Nimm den Anderen als „helfenden Engel" an. Der Andere spiegelt dir deine Muster. Danke ihm dafür!" Den Anderen zu verstehen ist das Eine, ihm auch noch für seine Verletzungen zu danken; starker Tobak!
Wie können denn missbrauchte Kinder ihrem Vergewaltiger dankbar dafür sein, dass sie missbraucht worden sind? Schwer vorstellbar! Und dennoch habe ich in einer Buchgruppe zu „Ich vergebe" Frauen getroffen, die jahrelang von ihrem Vater missbraucht worden waren und die heute dem Vater verzeihen können. Für sie war diese Methode der Schlüssel, um sich aus der ausschließlichen Opferrolle zu befreien.

Das bedeutet natürlich nicht, dass dadurch das furchtbare Handeln des Täters entschuldigt werden kann. Diese Methode ist lediglich ein Instrument für das „Opfer“, um das eigene Leben friedvoller und glücklicher zu gestalten.
In der Buchgruppe sollten wir auch unsere Muster erkennen. Dazu mussten wir die Frage beantworten: Welchen Personen oder Situationen gegenüber empfinden wir auch heute noch Wut oder fühlen uns verletzt? Sehen uns als Opfer?
Hinter die Person oder Situation sollten wir in einer zweiten Spalte das Gefühl dazu, zum Beispiel „Wut“ schreiben. In einer dritten Zeile: Worauf bin ich denn wirklich „wütend“? Interessant war, dass bei allen in der Buchgruppe maximal zwei Begriffe standen. Begriffe wie: „Machtlosigkeit oder „fehlendes Urvertrauen“ oder... Hatte ich hier meine zentralen Themen im Leben gefunden, die sich wie ein roter Faden durch mein Leben ziehen lassen?
Mit der „Radikalen Vergebung“ hatte ich ein Werkzeug gefunden, zukünftig schneller zu erkennen, warum ich in bestimmten Situationen aggressiv reagierte. Jetzt konnte ich auch annehmen, dass ich auf die Verhaltensweisen der Anderen nur dann stark emotional reagiere, wenn sie „meine Themen“ ansprechen.
Die Anderen sind mein Spiegel!
Diese Erkenntnis führte zwar nicht dazu, dass ich mit mir und meinen Themen vollständig Frieden geschlossen habe; ich sehe mich aber nicht mehr als Opfer der Anderen. Ein großer Schritt zu mehr Eigenverantwortung und zu mehr Licht!
Bleibt noch die Frage offen, ob sich meine Seele „meine Themen“ ausgesucht hat, um die menschliche Erfahrung zu machen, wie es sich ohne Macht und Urvertrauen lebt? Schon möglich! Dazu passt auch meine Überzeugung, dass sich unsere Seelen die „geeigneten“ Eltern aussuchen, bevor sie inkarnieren.
Also: Geeignete Eltern und Ahnen, optimale Sternenkonstellation bei der Geburt. Leben müssen wir aber schon noch selber. Wir entscheiden, ob wir glücklich werden wollen oder lieber doch nicht. Wir sind keine Opferlämmer. Wir sind auch Täter und damit verantwortlich für unser Glück.

Ob es wirklich so ist, dass unsere Seele für die Lebensbedingungen bei unserer Geburt zuständig ist, weiß ich natürlich auch nicht. Mir gefällt aber das Bild, dass wir unseres Glückes Schmied sind und nicht das Bild von den „Anderen“, die immer Schuld daran sind, wenn es uns schlecht geht.
Tipping geht davon aus, dass wir spirituelle Wesen sind, die menschliche Erfahrungen machen. Folgt man diesem Bild, erscheint das Verhalten des Anderen in einem ganz neuen Licht und lässt uns die Lebensziele unserer Seele erkennen. Der Andere spiegelt sie uns.

Lassen sich vor diesem Hintergrund der spirituellen Sichtweise „Lebensziele“ unserer Seele verändern?
Ist der Einfluss der Seele auf uns stärker als unser menschliches Bedürfnis nach Glück und Gesundheit?
Können wir uns nur im Rahmen unseres „selbst gewählten“ spirituellen Lebensziels verändern? Also Karma?

Für mich gibt es zwar Seelenwünsche, wir verfügen aber auch über einen freien Willen. Wir sind „Schöpfergötter“! Damit wir unsere Kraft ausschöpfen können, müssen wir nicht nur Frieden mit uns schließen, wir müssen auch dafür sorgen, dass die Energie in unserem Körper frei und wirksam fließen kann.
Nur durch spirituelles Feuer im 1. Chakra lässt sich Materie manifestieren. Ohne Feuer im 1. Chakra steigt die Kundalini nicht die Wirbelsäule empor und zündet an „ungeeigneten“ Stellen.
Dieser Ansicht ist jedenfalls Rosalyn Bruyere. Für sie entsteht so z.B. Arthritis im Körper.

Ohne die Kundalini-Kraft fühlen wir keine wirkliche Freiheit, ist physisches Leben nicht möglich. Sind wir nicht frei, unsere Wünsche zu manifestieren. Dazu brauchen wir Leidenschaft und Liebe. Energetisch finden wir beides im 1. Chakra.

Licht-Welten

Aura sehen ist geil!

Ich habe schon erwähnt, dass ich vor energetischen Heilbehandlungen meine Helfer und die Helfer der Patienten um Unterstützung bitte, bevor ich mit der Behandlung beginne. Der nächste Schritt ist das „Scannen" des Patienten. Dabei fährt meine Hand mit etwas Abstand zum Körper langsam über alle Körperteile; ich „scanne" ihn. So kann ich wahrnehmen, ob die Energie gleichmäßig im Körper fließt, oder ob einzelne Bereiche blockiert sind. Manchmal tauchen beim Scannen Bilder auf oder ich nehme Gefühle wahr. Das Scannen ist also ein Diagnoseverfahren.

Neidisch erlebte ich bei den Seminaren am Chiemsee, dass einige der Teilnehmer Energie nicht nur fühlen, sondern auch sehen konnten und übereinstimmend beschrieben, wie sich Farbe, Drehrichtung und die Form der Aura durch eine Energiebehandlung veränderte. Das wollte ich auch können! Eine weitere Hilfe zur Diagnose! Ist diese Fähigkeit angeboren, oder kann man das lernen?
Ich fragte die „Seher", mit welcher Technik sie vorgehen und oh Glück, alle waren der Meinung: Das kann jeder lernen, der sensitiv genug ist. Warum klappte es aber bei mir nicht? Sensitiv genug war ich doch! Sensitiv schon, aber auch zu verbissen? Wahrscheinlich verhinderte mein „Es muss sofort klappen und auf die gleiche Art und Weise wie bei den Anderen" dass es klappte.

Es dauerte jedenfalls noch weitere drei Jahre, bis es „pling" machte und sich mir eine neue Welt öffnete. Ich hatte inzwischen eine neue Partnerin und die konnte Aura sehen! Unfair! Eines Tages hatte ich die Nase voll von dem Spiel „Ich sehe was, was du nicht siehst" und beschloss: Jetzt reicht es!
Wir standen uns mit einigen Metern Abstand gegenüber, hoben gemeinsam die Energie im Raum an. Plötzlich war meine Partnerin

erleuchtet; zumindest ihr Kopf. Als ich genauer hinsehen wollte, war das Licht wieder verschwunden. Was war passiert?
Ich hatte meinen Blick nicht direkt auf meine Partnerin, sondern an ihr vorbei auf „unendlich“ eingestellt. Als ich mir die „Erleuchtung“ genauer ansehen wollte, veränderte ich gleichzeitig meine Sehschärfe.
Diese Art zu Sehen funktionierte also nur, solange mein Blick unscharf war. Angespornt durch meinen ersten, kleinen Aura-Seh-Erfolg, setzten wir auch an den nächsten Tagen unsere Seh-Übungen fort. Nach und nach vervollständigte sich das Bild der Aura meiner Partnerin. Schließlich konnte ich mehrere Schichten der Aura unterscheiden und erkennen, dass diese sich gegenseitig beeinflussten. Nach dem, was ich bei Rosalyn gelernt hatte, hatte ich mit der ersten Schicht, vielleicht zehn Zentimeter dick, ganz nah am Körper, die physische Ebene wahrgenommen, mit der zweiten Schicht die emotionale Ebene. Beide Schichten umschlossen die einzelnen Körperteile, waren verbunden mit ihnen.
Weitere fünf Ebenen, wie in den mystischen Weisheitslehren beschrieben, konnte und kann ich nicht differenzieren. Die mentale, astrale, ätherische, himmlische und ketherische Ebene sind so fein, für mich zu fein, dass ich sie nicht sehen kann. Ihren Einfluss auf unser Bewusstsein und Handeln und ihre Beziehung zu endokrinen Drüsen des Körpers beschreibt Rosalyn in ihrem Buch über „Das Geheimnis der Chakras“ ausführlich.
Meine Sicht der Aura veränderte sich in den nächsten Monaten. Hatte ich zu Beginn nur Ausschnitte gesehen, wurde daraus nach und nach ein eiförmiges Gebilde mit einer überwiegenden Farbgebung.
Durch das „Ei“ zogen sich unterschiedliche Farbfahnen, wie mit einem Pinsel gemalt. Veränderte ich meinen Fokus geringfügig, sah ich andere Farben und Formen. Es erschien mir so, als ob ich dadurch von einer Ebene in eine andere ging.

Anders als oft dargestellt, baut sich die Aura etwa im Tempo des Atems, aber nicht synchron zum Atem auf, wird dabei immer in-

tensiver und baut sich wieder ab. Ist für einen winzigen Moment gar nicht wahrnehmbar, um sich wieder aufzubauen.
In diesen Aufbauphasen nimmt die Aura scheinbar neue Eindrücke und Gefühle auf, sie verändert ihr Aussehen.
Wenn ich auf Messen die Fotos von sogenannten „Aura-Fotografen" mit meiner Aura-Sicht derselben Person vergleiche, kann ich kaum Übereinstimmungen feststellen. Keine Ahnung was der Apparat „sieht"!

Der folgende Sommer war heiß und trocken. In unserem Dorf gab es einen „Feuerteufel". Er zündete Strohballen, Container, trockene Büsche und Bäume an. Für mich ein Alptraum, da ich ein Haus mit Reetdach habe und allein der Gedanke, es könnte abbrennen, mich in Panik versetzte.
Während des Umbaus meines denkmalgeschützten Hauses musste ich erleben, dass der obere Teil des Hauses, damals noch ohne Reetdach, vollständig ausbrannte und sich die Familie, die zu der Zeit in der oberen Wohnung lebte, gerade noch retten konnte. Ohnmächtig konnte ich nur zuschauen, wie es der Feuerwehr gelang, wenigstens den unteren Teil des Hauses vor der vollständigen Zerstörung zu bewahren.

Noch Wochen später, wenn ich mich dem Haus näherte, ging mein Blick in Richtung des Gebäudes, um zu sehen, ob noch Rauch aufstieg.
Geprägt von diesem Erlebnis, hielten meine Partnerin und ich „Feuerwache" vor dem Haus. Der „Feuerteufel" war schließlich noch nicht gefunden.
Bis spät in die Nacht saßen wir auf einer Bank vor dem Haus, um verdächtige Bewegungen zu registrieren.
Zum Glück wurde nach einigen Wochen der vermutliche Täter gefasst und wir konnten uns wieder entspannen.
Keine angenehmen Wochen.
Und doch hatten sie auch etwas Gutes. Ich hatte Zeit meine Fähigkeit, Aura zu sehen, zu steigern. Bäume, Büsche, Blumen, alle gaben ihr Licht ab. Jedes einzelne Blatt strahlte in dunklem blau. Je

nach Fokus konnte ich die Aura einzelner Blätter und Blüten, oder das ganze Feld sehen. Fantastisch!
Am zweiten Abend, es war noch hell, entdeckte ich mitten in einer Ahorn-Baumkrone eine violettfarbene, kugelförmige Energie; das Baumwesen? Sie war viel intensiver als die übrige Aura. Ob wohl alle Pflanzen ein eigenes Pflanzenwesen haben?
Von da ab fokussierte ich mich auf Pflanzenwesen, auch Devas genannt. Bei den Blumen fand ich kugelförmige Gebilde, die die Blüten umschlossen. Sie leuchteten in allen Regenbogenfarben. Irritiert war ich, dass einige sich bewegten. Sie schwebten von Pflanze zu Pflanze. Besonders viele fühlten sich von einem Jasminblüten-Busch magisch angezogen. Das mussten Feen sein! So verbrachten wir staunend Abend für Abend damit, dem geheimnisvollen, faszinierenden Treiben der zarten Wesen zuzuschauen. Wenn das alle Menschen sehen könnten, würden sie wohl kaum auf die Idee kommen, Gifte im Garten zu verwenden und stattdessen den Pflanzen respektvoll begegnen, vielleicht sogar sie begrüßen. Ja wenn!
Feen, Elfen und andere erdnahe Energien sollten mir später noch viel intensiver begegnen, aber dazu später.
Dieser Sommer begann voller Angst davor, dass mein „Lebenswerk", mein Seminarhaus, zerstört werden könnte und endete schließlich mit grandiosen Einblicken in eine traumhaft schöne Lichterwelt. Mehr und mehr begann ich zu verstehen, wie alles miteinander zusammenhängt.
Den nächsten Schritt, hin zum Verständnis darüber, dass und wie alles mit allem verbunden ist, durfte ich im folgenden Sommer an der Ostsee gehen. Genauer gesagt in Kühlungsborn, einem alten, stilvoll restaurierten Ostsee-Badeort im Osten unseres Landes.
Gemeinsam mit meiner Partnerin lag ich am Strand der Ostsee. Wir hatten es uns auf einer Decke bequem gemacht und beobachteten die Aura von Badegästen, die alleine oder in Gruppen den Strand auf und ab gingen.
Hatte ich bisher die Aura einzelner Menschen als eiförmige, sich ständig verändernde Gebilde wahrgenommen, erlebte ich hier zum

ersten Mal, dass es auch eine „Gruppen-Aura" gibt. Gruppen von Menschen, die augenscheinlich zusammengehörten, hatten eine viel größere, gemeinsame Aura, die alle einhüllte. Die Aura jedes Einzelnen war für mich kaum noch zu erkennen.
Schließlich wurde es noch verrückter: Alle Auren, Einzel- oder Gruppenauren, mündeten in einigen Metern Höhe in einem Trichter oder Schlauch. Dieser „Trichter" wiederum dockte in etwa 15 bis 20 Meter Höhe an ein durchgehendes Feld an.
Ich konnte mich nur sehr schwer wieder von diesem Anblick lösen. Wow, jetzt glaubte ich zu verstehen, wie Alles mit Allem zusammenhängt und auch wie Gedankenübertragung funktioniert!
Ich fühlte mich als spirituelles Wesen, als Teil von Allem, angekommen.
Diese Erfahrung des „Alles ist miteinander verbunden" hat mich tief berührt und allein der Gedanke daran, lässt auch jetzt beim Schreiben noch Gänsehaut bei mir aufkommen.

Gruppenauren bilden sich natürlich nicht nur an der Ostsee. Sie lieben auch Klassenräume! Besonders während einer Klassenarbeit! Alle Schüler, besser gesagt, fast alle Schüler meiner Fachoberschulklasse saßen total konzentriert vor ihrem Aufgabenblatt. Jeder Einzelne umhüllt von einer intensiven gelben Aura, die sich auf - und abbaute und die in zwei bis drei Meter Entfernung, die Wand hinter dem Rücken der Schüler pupurfarben leuchten ließ.
Einige Schüler tanzten jedoch aus der Reihe. Ihre Aura färbte sich violett statt gelb.
Für mich ein Indiz dafür, dass sie sich nicht konzentrieren konnten oder wollten. Das intensive Gelb deutete ich so: Das dritte Chakra, das mentale Energiezentrum, wird durch die hohe Konzentration auf die Aufgabenstellung bei der Klassenarbeit, besonders stark aktiviert und dominiert dadurch das gesamte Aurafeld.

Und die Gruppenaura?
Milchig-weiß mit gelben und violetten, aber auch blauen Anteilen, sich ständig verändernd füllt den ganzen Klassenraum.

Als Lehrer stellte sich mir natürlich ganz pragmatisch die Frage: Lässt sich in der Aura erkennen, ob ein Schüler schummelt oder einem Mitschüler Ergebnisse durch Gedankenübertragung übermittelt?
Ich würde wie „Radio Eriwan“ vermuten: „Im Prinzip ja, ich weiß nur nicht wie!“ Meinen Schülern gegenüber habe ich daran allerdings keinen Zweifel gelassen. „Ihr braucht gar nicht erst versuchen zu schummeln, ich sehe das sofort in eurer Aura.“
Da sie von mir wussten, dass ich Aura sehen kann, hielten sie den Wahrheitscharakter meines Hinweises zumindest nicht für ausgeschlossen. Ob sie dadurch wirklich abgeschreckt wurden, bezweifle ich trotzdem.

Wir modernen Menschen versuchen die Welt mit Hilfe der Mathematik zu begreifen. Eine Weltenformel muss her, um das Entstehen ganzer Universen, aber auch das Verhalten kleinster Teilchen zu verstehen.
Es werden viele Millionen investiert, um beim CERN-Projekt in der Schweiz das sogenannte Gottes-Teilchen nachzuweisen, um damit besser zu verstehen, welche Rolle dieses Teilchen bei der Entstehung unseres Universums spielt.
Glauben wir wirklich, wir könnten mit unseren begrenzten Möglichkeiten verstehen was tatsächlich geschieht?
Die String-Theorien (String= Energiefädchen) scheinen für Physiker zurzeit die umfassendsten Ansätze einer Weltenformel zu liefern. Damit die Formeln funktionieren, nicht weil es so ist, muss es danach aber mindestens 11 Dimensionen geben. 11!!
Wir haben ja schon erhebliche Schwierigkeiten uns die 4. Dimension, die Zeit, vorzustellen.

Natürlich haben auch mich Fragen wie:

Wie entstehen Universen?

Gibt es Parallelwelten?

Gibt es Gott?

Wenn ja, ist mein Leben vorbestimmt?

viele Jahre begleitet und ich habe, wie es sich für einen naturwissenschaftlich geprägten Ingenieur gehört, mich auch mit Weltenformeln, Urknall-Theorien, Schwarzen- und Weißen Riesen, Schwarzen Löchern, Wurmlöchern.... auseinandergesetzt. Sicher verfügen wir heute über technische Möglichkeiten wie keine Generation vor uns, aber die Fragen nach dem Warum kann und wird von den Naturwissenschaften auch in Zukunft nicht beantwortet werden können.
Sie bieten uns auch nur Theorien und Modelle an, um diese nach weiteren Erkenntnissen wieder zu verwerfen.
Immer wenn wir glauben, wir wären der „Wahrheit" einen großen Schritt nähergekommen, öffnen sich neue Türen und stellen sich neue Fragen.
Die Naturwissenschaften können letztendlich immer nur Zusammenhänge feststellen und mit Hilfe von Gleichungen mathematisch ausdrücken. Sie können zum Beispiel feststellen, dass sich bestimmte Teilchen anziehen, andere dagegen abstoßen und können Vorhersagen über deren zukünftiges Anzieh- und Abstoßverhalten treffen. Bei der Frage nach dem Warum landen wir wieder beim Glauben oder bei individuellen Erfahrungen.
Wenn ich sehe, dass die Auren von Menschen an ein übergeordnetes Feld angeschlossen sind, erzeugt dieses Sehen ein Gefühl tiefer Verbundenheit bei mir. Ich fühle, ich habe Zusammenhänge verstanden. Diese Erfahrung lässt sich nicht durch eine Formel ausdrücken!

Nächtliche Multi-Media-Show

Soweit der Ausflug in die Welt der Seelen und der Vergebung. Zurück zu Lichterfahrungen ganz anderer Art.
Ein alltäglicher Traum, um die Erlebnisse des Tages zu verarbeiten, stand am Beginn einer grandiosen Reise in die Anderswelt... Ich wachte auf, weil ich das Gefühl hatte: Ich muss aufstehen und auf die Toilette. Ich öffnete die Augen. Setzte mich aufrecht. Die Kirchturmuhr schlug zwei Mal. Die Show begann. Der Ablauf war immer der Gleiche. Die Show immer neu!
Es begann mit einem braunen Energiewirbel, circa 1,50 m im Durchmesser, der sich direkt vor meiner Schlafzimmer- Terrassentür entgegen dem Uhrzeigersinn drehte. Träumte ich noch? War das die Fortsetzung meines Lichtrad-Erlebnisses? Meine Partnerin schlief ruhig weiter. Ich beschloss, sie schlafen zu lassen und ihr erst am nächsten Morgen von meinem Erlebnis zu erzählen. Davon, dass der Energiewirbel die Metallumrahmung der Terrassentür strahlend grün färbte. Davon, dass mir die Situation unheimlich wurde. Davon, dass ich schließlich aufstand, ins Bad ging und vorher noch sagte: „Wenn ich zurückkomme, ist hier Schluss mit dem Wirbel!" Davon, dass der Energiewirbel bei meiner Rückkehr ins Schlafzimmer verschwunden war.
Was war geschehen? Wir hatten beide keine Ahnung!

In den folgenden fünf Wochen hielt sich die Anderswelt bedeckt. Kein Aufwachen aus Träumen. Kein zweimaliges Kirchturmuhrschlagen. Kein Lichtwirbel.

Dann ging die Reise weiter: Dichter, weißer „Energienebel" drang langsam durch die halb geöffnete Terrassentür in den Raum. Unheimlich! Wieder schlief meine Partnerin seelenruhig weiter. Wieder stand ich auf und sagte: „ Wenn ich zurückkomme, ist hier Ruhe!" Wieder war Ruhe! Und mein Gefühl? Das sagte mir: „So ist das also, wenn man Alles sieht!" Spannend!

Wochen vergingen. Die nächtliche Ruhe wurde nicht von Wirbeln oder Nebel gestört. Eigentlich schade! Doch die nächste Show sprengte alle Vorstellungen darüber, was passieren könnte.
Da saß er nun neben mir im Bett der „Peter Pan". Sah aus wie Finn, der Sohn meiner ehemaligen Mieterin, mit 12 oder 13 Jahren ausgesehen hatte. Grünes Käppi, gold-bronzefarbenes Gesicht, lange blonde Locken, weißes, wallendes Hemd. Saß da auf dem Kopf meiner Partnerin direkt neben mir. Saß da, als wolle er sagen: „Bin ich nicht ein geiler Typ?" So nah und real, dass ich ihn hätte anfassen können (wenn ich mich getraut hätte!). So blieb es bei dem bewundernden Blick.
Wieder stand ich auf, da mir die Situation zu mulmig wurde und wieder sagte ich: „Wenn ich zurückkomme, ist hier Ruhe!" Wieder war Ruhe! Nur eins war anders; dieses Mal weckte ich meine Partnerin gleich nach der Rückkehr aus dem Bad. Die staunte nicht schlecht. „Ein Typ saß auf meinem Kopf? Warum hast du mich nicht geweckt?"
Gemerkt hatte sie davon nichts! Dieser „Typ" sollte mich bis heute begleiten. Aber davon später! Ich nenne ihn in meinem Buch „Farn", weil er sich später mit diesem Namen vorgestellt hat.

Aber warum sah ich ihn überhaupt? Gab es einen Zusammenhang zum Lichtrad vor meiner Haustür?
Fragen, auf die ich keine Antworten hatte. Wer konnte mir da weiterhelfen?
Auf meiner Suche nach Hilfe bei Fragen zur „Anderswelt" stieß ich auf Anja; damals noch Anja Blomberg, heute Anja Naumann. Sie ist Medium, heißt: Sie „channelt" Energien, stellt also ihren Körper zur Verfügung, um Energien die Möglichkeit zu eröffnen, mit Hilfe ihrer Stimme zu sprechen. Hört sich für viele Menschen sicher ganz schön abgefahren an! Für mich wurde das „Channeln" zu einer ganz normalen Möglichkeit, Antworten auf Fragen zu anderen Welten zu finden.
Ich habe im Laufe der letzten 15 Jahre mehrere „Medien" mit sehr unterschiedlichen Fähigkeiten und Techniken kennengelernt.

Manche nehmen Worte und Sätze, die sie hören auf und geben die Inhalte mit eigenen Worten wieder.
Bei anderen werden die Inhalte direkt weitergegeben.
Natürlich „bedient" sich die jeweilige Energie des Sprachschatzes, über den das Medium verfügt.
Bei Rosalyn, die mit Hilfe der direkten Methode channelt, veränderte sich gleichzeitig die Stimmhöhe und Art zu sprechen. Ihre Gesichtszüge schienen zu entgleisen und ihre Finger wurden länger. Ganz schön gruselig!
Eine ganz andere Form der medialen Übermittlung geschieht bei einem Sprach-Medium. Ich war Teilnehmer einer Veranstaltung, in der das Medium uns bat, ein Blatt Papier und einen Stift bereitzuhalten, uns in einen meditativen Zustand zu versetzen, eine Frage an unseren „Geistführer" zu stellen und auf die Antwort zu warten. Da saß ich nun mit meinem Stift in der Hand und lauschte, ob ich eine Antwort auf meine Frage erhalte. Plötzlich begann meine Hand zu schreiben! Ich hatte keine Kontrolle über meinen Arm und meine Hand! Nach dem ersten Schreck versuchte ich, mich zu entspannen und meine Hand einfach schreiben zu lassen. Seitenlang schrieb und schrieb sie.
Leider konnte ich im Anschluss an die Sitzung mein Geschriebenes nur zum Teil lesen. Schade! Eine beeindruckende Erfahrung war diese Form des Channelns allemal.
Anja Blomberg lernte ich über meine damalige Partnerin kennen, die mit ihr befreundet war. „Anja channelt die Erde", sagte meine Partnerin. „Sie kann dir bestimmt behilflich sein, den Grund für deine Lichterlebnisse herauszufinden." Nun gut: Ich vertraute meiner Partnerin und ließ mich auf ein Treffen und eine Sitzung mit Anja ein. Trotzdem blieb ein Zweifel: Wie kann man die Erde zum Sprechen bringen? Ist die Erde denn eine eigene Energieform? Ein eigenes Lebewesen?
Anja versetzte sich durch tiefes Atmen in einen Trancezustand. Nach etwa fünf Minuten meldete sich eine Energie mit dem Namen Farn zu Wort. Sie begrüßte mich, stellte sich vor und fragte, was ich auf dem Herzen hätte. Während der Sitzung konnte ich

weitere Fragen stellen. Leider habe ich die ersten Durchgaben noch nicht aufgezeichnet. Ich kann deshalb den Inhalt nur aus der Erinnerung und stark verkürzt wiedergeben.

Bei dem nächtlichen Besucher mit dem grünen Käppi handelte es sich, nach „seinen Aussagen", um den „Wächter" eines Dimensionstores, das sich auf meinem Grundstück befindet.
In einer früheren Inkarnation sei er mit mir befreundet gewesen. Ich „lebte" wie er in der, wie er es nannte, „Zwischenerde". Die Völker der Zwischenerde seien wie alle, die von uns als „Kleine Völker" bezeichneten Energien, eng mit der Erde verbunden.
Das zerstörerische Handeln der Menschen zerstöre auch ihren Lebensraum.
Mein Lichtrad-Erlebnis sei von mir bestellt worden, um mich daran zu erinnern, dass ich versprochen hatte zu helfen, wenn die Kleinen Völker meine Hilfe benötigten. Diese Erklärung für mein Lichtrad-Erlebnis überzeugte mich, fühlte sich wahr an, auch wenn ich mir bis zu diesem Zeitpunkt immer vorgestellt hatte, dass Menschenseelen immer wieder als Menschen inkarnieren und nicht zwischendurch in Zwischenwelten landen.

Weitere Einzelheiten über die Kleinen Völker, ihr Leben und ihr Wirken, folgen in einem eigenen Abschnitt. Zunächst möchte ich aber weiter von meinen weiteren nächtlichen Einblicken in verschiedene Welten berichten. Ich hielt meine nächtlichen Erlebnisse am folgenden Tag in einem „Nächtebuch" fest, um sie nicht zu vergessen und in der Hoffnung, dadurch vielleicht besser den Sinn der Shows verstehen zu können.

Die Abstände der nächtlichen Darbietungen wurden kürzer. Nach zwei weiteren Wochen folgte die Fortsetzung: Traum, Kirchenuhr, Aufwachen, Showbeginn. Das übliche Ritual.

Der Raum, das heißt Wände und Luft hatten sich blau gefärbt. Ich befand mich in einem Meer von Blau. Im „Meer" bewegten sich einzelne Kugeln. Ihr Durchmesser betrug vielleicht zehn Zentimeter. Die Decke füllte sich mit vielen weißen Lichtpunkten, ohne ein erkennbares Muster. Im Blau schwebten einzelne „Energieschwaden“ an mir vorüber. Aus blau wurde grün, rot, gelb. Alles im Raum war in Bewegung. Dann folgte ein Wechsel zu hellblau mit im Raum schwebenden Kristallen oder Strichzeichen. Wieder ein Wechsel zu vorherigen Farben und Formen.

Die nächste „Vorstellung“, die „Weiße Phase“ begann. Wände und Decke ganz in weiß, wie aus Marmor oder Gips, als Relief ausgebildet, 15 bis 20 Zentimeter tief. Nur die Terrassentür blieb frei. Das Relief bestand aus vielen unterschiedlichen Skulpturen: Ich sah eine Achse mit 4 Rädern und gebogener Deichsel, Muscheln ... Ich konnte die einzelnen Skulpturen gar nicht genau beschreiben. Immer, wenn ich eine Skulptur genauer unter die Lupe nehmen wollte, wechselte das Bild. Lauter Wesen mit Flügeln entstanden, die scheinbar panikartig versuchten, wegzufliegen. Und ich war mittendrin! Wieder Bildwechsel. Das Relief mit den einzelnen Skulpturen erschien wieder. Sieht so die Innererde aus?

Die nächsten „Vorführungen“ verliefen friedlicher.
Ein Bär wanderte als Schatten durch einen zweidimensionalen Lichtkreis. Enten und Teddys, bunt und scheinbar aus Pappe, bewegten sich im Takt mit Nägeln am oberen Rand fixiert. Flache Reliefs erschienen an den Wänden mit unterschiedlichen Motiven, aber immer mit einer Harke an einem kurzen Stiel. Gelbe und violettfarbene Schwaden strömten als nächstes pulsierend aus meinem Körper in den Raum. Zum ersten Mal war ich aktiver Bestandteil des Stückes!

„Wieder in weiß.“ Inzwischen hatten sich die Abstände der nächtlichen Shows auf fünf bis sechs Tage verkürzt. Immer noch das gleiche Ritual: Traum, Kirchenuhr... Ein Mann, etwa 20 Zentimeter groß, mit dreieckigem „Piratenhut“, seilte sich an der Wand neben meinem Bett ab. Als ich ihn nach seinem Namen fragte, verschwand er wieder.

Noch immer in weiß aber Tage später: Eine circa 15 Zentimeter große Skulptur zeigte einen Menschen, der auf einen Arm gestützt, am Boden lag. Plötzlich wurde er „lebendig", sprang hoch, lief, tanzte. Bildwechsel: Wieder lag der Mann, auf einen Arm gestützt, regungslos am Boden.

„Hirschgeweih?" Schon bedrohlich! Einzelne, gebogene „Geweihrohre" mit kurzen Verzweigungen wuchsen aus der Wand gegenüber bis auf mein Bett. Etwa 1, 50 m lang und in Abständen von 30 bis 40 Zentimeter. Es wurde wieder bunt: Wie ein roter „Kugelblitz" bewegte sich eine kleine Kugel blitzartig durch den Raum. Der „Blitz" steuerte scheinbar verschiedenfarbige Energieschwaden.

Wieder Flachrelief: Formen aus feinem Sand, z. B. mit unruhig sitzendem kleinen Hund. Gleichzeitig bewegten sich Farben durch den Raum. Gelb, blau, violett.

„Nacht der Museen": Eine Leinwand, so groß wie die gegenüber liegende Wand, mit einem Gemälde im Stile der zwanziger Jahre des vorigen Jahrhunderts. Mehrere Personen, vielleicht eine Familie, waren zu erkennen. Das Bild mit pastellfarbenen Farbtönen gemalt. Ein Mann, Ende Vierzig, mit gegeltem schwarzen Haar, hatte eine kleine weiße „Kappe" auf der Stirn.
Nach wenigen Sekunden, ich wollte es mir gerade genauer ansehen, bewegte sich die gesamte Leinwand und schob sich langsam durch die von mir aus gesehen rechte Wand zum Seminarraum, bis sie vollständig verschwunden war. Jetzt durchquerten blaue Schwaden den Raum in gleicher Richtung wie das verschwundene Gemälde. Szenenwechsel. Die Leinwand tauchte wieder auf. Dieses Mal von links nach rechts, bis sie die Wand wieder vollständig ausfüllte. Kurzer Auftritt. Abgang wie gehabt. Langsam beruhigten sich die Farben im Raum.

„Schmerzverzerrt". Ein großer weißer Kopf mit schmerzverzerrter Grimasse kam aus der Wand neben meinem Bett. Aus seinem rechten Auge drang trichterförmig, wie bei den „Chakras" gelber „Rauch".
Handelte es sich um einen Hinweis auf die Mysterienschule „Rechtes Auge des Horus"? Wenn ja, verstand ich den Bezug nicht.

„Akrobat schön". Ein „Turner" mit quergestreiftem, langbeinigem Turnanzug, wie er um 1900 üblich war, vollführte Überschläge am oberen Rand der Wand und endete schließlich auf meinem Bett.
„Nacht der Köpfe". Ein etwa 70-jähriger Mann, wenig Haare, sonnengebräunt, mit verkniffenem Gesichtsausdruck, erschien auf dem Boden neben meinem Bett. Normale Kopfgröße. Von ihm war nur das Oberteil sichtbar. Er zeigte sich aufrecht, rollte wie ein Stehaufmännchen zu Boden und richtete sich wieder auf. Gleichzeitig schob sich ein Flachrelief als ganzes Bild wandaufwärts durch die Decke. So schnell, dass ich die genaue Abbildung nicht erkennen konnte.
Schon folgte die nächste Einstellung. Vor der Wand neben meinem Bett rollte sich ein Oberkörper mit normal großem Kopf hin und her. Danach bewegten sich Frauenköpfe mit Hut gleichzeitig in unterschiedliche Richtungen vor der Wand. Es folgte ein, wie es schien, „wildes Farbengemetzel" im gesamten Raum. Kleine, silber-rote mehrfach blinkende Kugeln schienen die Leitung der Aufführung übernommen zu haben.
Ich hatte die Nase voll von dem Gemetzel! Stand auf mit dem bekannten Hinweis: „Wenn ich zurückkomme aus dem Bad, ist hier Schluss!" Und es war Schluss. Zum Glück!

„Stehaufmännchen". Wieder ein Typ ohne Unterleib. Mit Anzug und Zylinder, geschminkt, fiel zu Boden und richtete sich wieder auf. Energieschwaden in gelb, rosa, blau, lila, grün tanzten im Raum. Direkt neben mir fünf oder sechs kleine rosafarbene Energien im Wechsel mit großen verschiedenfarbigen Energien.

„Weiße Pferde". Die Nacht verlief eher ruhig. Nur wenige weiße Pferde, die sich häufiger aufbäumten, ließen es sich nicht nehmen, ihre Künste vorzuführen - wie üblich als Marmorrelief. Begleitet wurden sie von den bekannten verschiedenfarbigen Energien.

„Rosarot". Große, überwiegend rosafarbige Energien zogen durch den Raum.

Lagen zwischen den einzelnen Darbietungen anfänglich mehrere Wochen, lief die Show jetzt jede Nacht ab.
Aus: „Bin gespannt, was heute läuft!", wurde: „ Mir reicht es!" Immer öfter beendete ich die Vorstellung, indem ich mich auf die Seite legte, wenn es mir zu heftig wurde, und einschlief. So konnte ich jederzeit bestimmen, wann es genug war. Ganz aussteigen wollte ich zu diesem Zeitpunkt noch nicht. So ging die Reise weiter!

„ Plastische Landschaften". In dieser eher kurzen Szene sah ich in einiger Entfernung Landschaften von einem oben liegenden Standpunkt aus. Hellbraun und sehr plastisch. Parallel dazu blaue Energien , die durch den Raum zogen.

„Goldener Drache". Ein goldener Drache, glänzend und aus einem goldfarbenen Stück „Flacheisen" angefertigt, zeigte sich auf der Wand neben meinem Bett.

„Krabbe". Am Boden vor meinem Bett bewegte sich eine Riesenkrabbe. Braun und angsterregend. Ich hatte keine Lust mehr auf Multi-Media-Show! Doch die Show ging weiter.

„Bückling". Eine flache, hellbraune Skulptur tauchte auf der gegenüberliegenden Wand auf. Ein Fisch-Oberteil mit Menschenbeine im rechten Winkel. Sah aus wie ein„Bückling".

„Der doppelte Dietger". Zwei Lichtkreise mit einem Durchmesser von circa 15 Zentimeter zeigten sich auf der gegenüberliegenden Wand. Zwei Mal mit meinem Bild (Kopf und Oberteil).

„Vulkanasche". Feiner Sand, der aussah wie Vulkanasche, bewegte sich „vom Winde verweht" durch den Raum. Im Sand befanden sich auch größere Brocken Gestein, alles dunkelbraun, fast schwarz.
Die Vulkanasche wurde abgelöst von Kristallen, die sich immer wieder neu bildeten. Die Kristalle und das Umfeld ganz in Blau. War das ein Blick in die Vergangenheit? Oder in die Zukunft? Oder in Beides?

„Doppelprofil". Ein Kopf aus „Pappmaschee", dunkelbraun mit Profilen auf beiden Seiten des Kopfes, tauchte mit eher schmerzverzerrtem Gesichtsausdruck auf.

„Bunt und stürmisch". Energieschwaden bewegten sich schnell durch den Raum. Blau, lila, rosa, rot, gelb. Der eher unheimlich wirkende Energiesturm, wurde abgelöst durch den Raum ausfüllende, blaue und türkisfarbige „Nebel".

„Flachreliefs". Verspielte Darbietungen von Flachreliefs mit „Schaukelmesser" und kleinem Mann mit schaukelndem Kopf in Weiß gehalten, dominierten die folgenden Einheiten. Begleitet wurden die Schaukeleinheiten von einem Mann, der auf einem nur wenige Zentimeter großen Hirsch ritt.

„Opera". Der Blick von oben auf eine scheinbar nach einer Musik tanzenden Frau mit Sonnenschirm. Sah aus wie ein Ausschnitt aus einer Oper. Am Boden tauchte eine Schrift auf, die ich in der Kürze der Zeit nicht lesen konnte, da die Schrift schnell abgelöst wurde von bunten Energieströmen und Energiefetzen, die bei genauerer Betrachtung aus fadenförmigen Mustern bestanden. Keine Ahnung, was die Muster bedeuten sollten.

„Neue Tapeten". An der gegenüberliegenden Wand erschien eine Tapete, wie aus einem Kinderzimmer, mit sich bewegenden Figuren. Dann eine neue Tapete mit grünem Untergrund und mit roten Karos.

„Oh Schreck“. Shrek, nicht wie in dem gleichnamigen Film mit grüner Hautfarbe, sondern mit intensiven roten Wangen, tauchte auf, sein Mund weit geöffnet. Zwischen seinen Zähnen hielt er einen sehr kleinen Hirsch. Es sah nicht so aus, als ob er zubeißen wollte.

„0180er Nummer“. Eine Blondine mit einem Handy am Ohr forderte zum Telefonieren auf. Dann wurde es bunt: Im Zentrum der verschiedenfarbigen Energien befanden sich kleine, bunte Kugeln. Im Hintergrund Fäden mit unterschiedlichen Strukturen.

„Kurze Episoden“. Zahlen bewegten sich im Raum. Bick von oben auf kleine Menschen, die sich auf Würfeln bewegten.

„Raucherstudie“. Nach Nächten mit verschiedenen Farben, aber ohne bestimmte Muster, schwebte ein brauner Kopf in den Raum. Dort, wo üblicherweise die Nase sitzt, befand sich ein Loch, in dem eine Zigarettenspitze mit einer brennenden Zigarette steckte.

„Schwarze Gestalt“. Eine kleine Gestalt mit schwarzem Umhang schlich sich vom Kopf- zum Fußende meines Bettes. Unheimlich!

„Napoleons Aufstieg“. Er sah aus wie Napoleon. Ganz in Blau, eine Hand in der Weste. Mit weißem Beinkleid und der bekannten dreieckigen Kopfbedeckung stieg er langsam zur Decke auf und verschwand.

„Weltenbaum“. Ein Astwerk erschien mit verschiedenen Wesen, die wie Tiere aussahen. Sie bewegten sich auf den Ästen und fielen schließlich runter. Das Astwerk und die Tiere ganz in weiß. Wenn ich die Augen schloss, wurden die Tiere und das Astwerk blau. Direkt vor dem „Weltenbaum“ hatte ich einen Traum, in dem ich einem menschlichen Bohrer durch Felsengestein hinab in die Erde folgte. Der Traum war wohl Ausdruck meiner Angst, mich ins Erdinnere zu begeben, und sei es auch nur während einer Meditation - ich konnte ja nicht wieder zurückkommen.

Gab es einen Bezug zwischen meinem Traum und dem „Weltenbaum“? Zufall?

„Vergänglichkeit". Ein wunderschönes Gesicht aus feinen Sandkörnern, zerfiel durch eine Windböe zu einem Sandhaufen.

War ich auf die nächtlichen Darbietungen bis zu „Napoleons Aufstieg" noch gespannt und voller Neugierde, was ich wohl in der folgenden Nacht sehen und erleben würde, änderte sich meine Einstellung spätestens mit dem „Weltenbaum". Zum ersten Mal konnte ich hier nicht mehr bestimmen, wann die Vorführung beendet wurde.

Ich konnte mich nicht mehr einfach auf die Seite legen, die Augen schließen und einschlafen. Die Show war beendet. Ab jetzt ging die Show vor meinem inneren Auge weiter! „Wenn das so weitergeht, lande ich in der „Klappsmühle!". Ich musste unbedingt einen Weg finden, wie ich aus dieser Situation heraus kam und wieder selber bestimmen konnte, wann die Show begann und wann sie endete. Es durfte nicht sein, dass ich voller Angst schlafen ging, oder es gar vermied, ins Bett zu gehen! Wer konnte mir in dieser Situation helfen?

Anja! Durch sie konnten schließlich die unterschiedlichsten Energien sprechen!

Irgendjemand musste doch wissen, warum ich diese nächtlichen Darbietungen erlebte und irgendjemand musste doch über die Macht verfügen, diese Show zu stoppen!

Also traf ich mich mit Anja. Dieses Mal ausgestattet mit einem Aufzeichnungsgerät, damit mir kein Hinweis verloren gehen konnte.

Sie begab sich in einen tranceartigen Zustand und die Sitzung begann.

Die Energie des Erzengels Michael meldete sich zu Wort, um meine Fragen zu den nächtlichen Lichterlebnissen zu beantworten. Dass Michael gleichzeitig auch Teil eines neuen Teams - der „Dreiheit" ist, erfuhr ich erst Wochen später. Jetzt wollte ich aber einfach nur die nächtliche Show stoppen.

Mächtige Energien - „Die Dreiheit“

Michael

Der Erzengel Michael war bereits in einer früheren Sitzung erschienen, als ich herausfinden wollte, warum ich das „Lichtrad“ gesehen hatte. Er hatte mich auf die Spur der Kleinen Völker gebracht. In dieser Sitzung erklärte er dabei so ganz nebenbei, dass wir aus einer gemeinsamen Seelenfamilie stammen würden und ich mir deshalb für diese Inkarnation eine Familie mit dem Nachnamen Michaelis ausgesucht hätte, um mich an ihn, Michael, zu erinnern.
Diese Mitteilung war für mich sehr gewöhnungsbedürftig. Ich aus derselben Seelenfamilie wie ein Erzengel? Schwer vorstellbar und schon gar nicht nachweisbar, aber irgendwie machte es mich auch ein wenig stolz.

Michael zu den nächtlichen Lichterlebnissen!

„So bin ich in der Anwesenheit. Habe hier die ganze Zeit das Gitternetz über euch gehalten. Schützend gehalten um euch herum, da die Energien neugierig sind. So bin ich dir Michael, Gott zum Gruße. Die Zeiten, die nun angebrochen sind, sind voller Gefahren für jene, die voller Furcht sind.
So bin ich dankbar wieder in der Anwesenheit sein zu dürfen. Habe mich über euch gestellt. Die Energien sind zahlreich. So wisse, du wie auch das Instrument, dass es mehr und mehr von größtem Nutzen ist, sich einen Schutz zuzulegen.
Und so kann man darüber schmunzeln oder nicht, aber die Energien sind durcheinander und viele sind bereit zuzugreifen, egal auf welche Form von Energie auch immer. Sie suchen Halt und sind orientierungslos. Und suchen sich jene, die offen und die reinen Herzens sind.

So wisse, dass du geliebt bist und dass du geschützt bist. Und dennoch, sorge du für ausreichenden Schutz für dich selbst. So bitte ich dich von Herzen, deine Frage noch einmal vorzutragen. Bitte dich, deine schöne Stimme in diesen Raum zu geben und gehe in die Stille."

„Die Lichterlebnisse, die ich seit über einem Jahr habe, haben sich in ihrer Qualität verändert. Ich verstehe den Inhalt nicht. Und ich habe den Eindruck, dass sich inzwischen etwas verselbstständigt hat und ich weiß nicht, was es mir helfen soll. Ist es mein Weg, Menschen die Augen zu öffnen, für die Schönheit und Vielfalt dieser Welt?"

„So danke ich dir für deine Frage. So liegt es hier einen Augenblick an der Energie des Instrumentes, die langsamer wird und die es anstrengt, meine Energie zu transportieren. Wisse, dass sich vieles von dem in der Tat verselbständigt hat.
Wisse, dass viele Energien, wie ich bereits sagte, neugierig sind. Versuchen sich Zugriff zu verschaffen. Viele, die Anerkennung finden wollen. Viele, die auch nicht wissen, wo sie Halt finden. So versuchen viele Energien sich einfach in der Hoffnung zu zeigen, dass jemand sie erkennt, annimmt sozusagen. Und so haben sie Hoffnung, dass sie durch die eine oder andere Seele jemanden finden, dem sie etwas bedeuten und jemand, der sie möglicherweise erkennt.
Du hast Recht, es ist viel und ich sehe ein, dass es dich anstrengt. Und ich kann sogar nachvollziehen, dass du hier noch einmal den Wunsch hast, Dinge von dir abzutrennen. Ich weiß bereits, dass du manches Mal unwillig bist und nicht in der Freude mit dem, was geschieht.
So frage ich hier aber noch einmal: Sind das denn alles Energien, die du eingeladen hast? Oder sind es welche, die sich selbst einladen, und denen du mit deinem offenen Herzen hier Einlass gewähren magst, in der Hoffnung, dass sie Informationen für dich haben?"

„Bewusst habe ich sie nicht eingeladen.“

„So wisse, es sind keine Energien, die verzweifelt sind und auch keine, die versuchen, dir Schaden zuzufügen. Dennoch ist ein Teil der Lichtgestalten immer noch dabei, dich auf eine andere Art und Weise zu öffnen und zu sensibilisieren, als du es vorher kanntest. Gewollt ist hier jedenfalls nicht, dass du darunter leiden sollst und dass du sogar an deine Kraftreserven ran gehen musst.
So ist hier noch einmal ganz differenziert abzuwägen, was ganz genau brauchst du für dich? Und du bist hier die einzige Energie, die hier konkrete Anweisungen geben kann.
Wisse, du bist eine sehr mächtige Energie und du bist in der Lage, mit Hilfe deiner starken Gedanken, das zu blockieren.
Ich weiß, dass vieles von dem keinen Sinn ergibt, was auch durch mich gesandt wurde. Tut mir leid, so hätte ich es besser erklären sollen. So ist vieles in der Tat ein Eindruck, eine Möglichkeit von dem, was existiert. Und war gedacht und gewollt als Hilfe, so dass du in der Tat anderen mitteilen kannst, was hier noch alles möglich ist, diese Erde mit allen ihren Daseinsformen zu erfahren und mit den Möglichkeiten und den Formen der Energie zu spielen.
Wisse, dass du selber ein Teil dieser Energien in dem Moment geworden bist, als du sie als Teil deines Plans anerkannt hast. Ich kann nicht im Einzelnen sagen, wann es zu viel ist und wann es zu wenig ist. Wisse aber, du bist jene Energie, die kann denen die kommen, Einheit gebieten. Du bist hier der Chef im Haus. So sage ich es hier ganz klar. So du aber bereitwillig noch mitmachst, kommen sie und versuchen auch mal etwas zu übermitteln, das du überhaupt nicht verstehen kannst.
Sinn hat in der Tat nicht jede dieser Vorstellungen. So kannst du sagen dass sie das als Bühne benutzen, als Theaterbühne, so du magst. Um hier etwas vorzuführen, etwas zu zeigen, was sie sich ausgedacht haben. Nicht dass es darum geht, dich zu ärgern. Es ist hier ihre Art von Kommunikation.
Viele der Lichtenergien die du siehst, versuchen, auf sich aufmerksam zu machen. Sie geben dir einen Hinweis, einen Eindruck von

dem, was es noch gibt. Und was es vielleicht sogar noch geben wird.
Gewollt ist der Großteil dessen, so dass du auch in der Lage sein kannst, Menschen ein guter Begleiter zu sein, die solche Erlebnisse haben. Ihnen kannst du die Angst nehmen und indem du die Angst nimmst, kannst du gleichzeitig die Türen für sie und auch für dich für die Freude und für die Vielfalt des Lebens öffnen. So ist ein Teil, den du bereits selbst beantwortet hast, hier bereits erledigt. So ist es an dir. Du kannst dies jederzeit abbestellen. Das was wichtig war, ist bereits erledigt.
Und ich weiß, dass anscheinend viele Energien Freude daran haben, dass sie des Nachts ungeteilte Aufmerksamkeit bekommen. Und dass sie auch Freude daran haben etwas zu zeigen, vorzuführen sozusagen. Es liegt an dir. Hast du die Vorstellung jetzt endgültig satt? Dann spreche hier und sprich klar, was dein Wunsch und dein Wille und deine Absicht ist."

„Ich hatte es so verstanden, dass ich etwas Spezielles durch diese Lichtsprache lernen sollte. Wenn das schon geschehen ist, dann möchte ich es beenden."

„So danke ich dir für diese klare Aussage. Wird noch nicht ganz und gar abgeschlossen sein mit diesem Gespräch, das wir hier haben. Aber wisse, dass ich das, was in meiner Macht steht, um hier Einhalt zu gebieten, tue.
Nicht ganz so einfach, wenn man etwas zu verstehen versucht, was man lernen soll und nicht weiß, worum es überhaupt genau geht. Ich verstehe, was du sagen willst. Und dennoch sage ich dir hier ganz klar: Du hast bereits ganz viel gelernt. So hast du viele Erfahrungen gemacht, die anderen niemals, nicht im Traum kämen.
So kannst du glauben, dass es eine großartige Sache ist, dass du dich bereit erklärt hast. Keine der Energien ist in der Lage, dir in der Tat einen Schaden zuzufügen. Dich vielleicht etwas vom Schlaf abhalten ja, aber nicht, dich zu schädigen oder dir Kraft zu rauben, die du dringend selber brauchen würdest. So ist deine Lebenskraft immer beschützt. Und wisse, dass ich auch bin an deiner Seite,

wenn du mich rufst. Dass ich versuche, das zu geben, was mir in dem Moment als erstes einfällt und von dem ich auch glaube, es hätte hier die meiste Kraft. Du bist begleitet und nicht allein.
Vieles von dem ist nun genug, das ist wohl wahr. Und so gebietest du jenen dann Einhalt oder setze fest, wann es reicht. So wirst du hier lernen, dich mit deiner Gedankenkraft neu zu sortieren. So wirst du spüren, dass auch dann erst eine Kommunikation möglich ist. Du bist hier nicht nur Zuschauer, nicht nur Betrachter, sondern du hast auch eine andere Rolle, die du bisher noch nicht erkannt hast.
Auch wenn du glaubst es macht gar keinen Sinn was du siehst, werden dabei Bilder überliefert, die in deinem Unterbewusstsein sehr wohl zu einer Veränderung beitragen. Sei es eben auch, dass die gesamte Menschheit aufgefordert sein wird, Dinge zuzulassen, Dinge zu sehen, die ihnen bisher vorenthalten geblieben waren. So hatte ich auch schon mehrere Male mit denen gesprochen, die um mich sind und die auch der Meinung sind, dass du eine Energie bist, die bereit ist zu sehen, die bereit ist zu fühlen ebenso. Und doch ist da der nächste Schritt ins Fühlen noch nicht getan. Was kannst du hier für dich selbst tun, um dich noch berührbarer zu machen?
Ich meine hier nicht nur körperlich. Ich spreche hier auch nicht auf andere Frauen an, sondern berührbar in der Tat für die Energien, die nicht sichtbar sind, die aber dennoch deine Hilfe brauchen könnten, um den Kontakt herzustellen für das große Ganze. Welche Art von Berührung wäre für dich vorstellbar?"

„In meinem Nacken."

„So ist dies ein sehr heiliger Ort. So wisse, dass es da mit Vorsicht heranzugehen gilt. Wisse, dass es ist ein Zentrum, was sehr weit und sehr tief geht. Wenn ich da für dich hier einen Vorschlag machen darf, würde ich gerne auf deine Füße gehen und würde hier versuchen, dass du noch einmal mehr über die Qualität und über die Berührung deiner Füße, mehr und mehr lernst, Energien zu unterscheiden.

Ich bin gewillt, dich zu unterstützen. Tue dies bereits schon eine ganze Weile. Du siehst, dass es mir auch nicht immer gelingt. Obwohl die Erwartungen sehr hoch an mich gestellt werden, muss ich auch den einen oder anderen enttäuschen.
Vieles von euren Legenden und Märchen und Mythen sind nicht in der korrekten Form. Und so hat sich auch für mich und für uns vieles verändert. Versuche über die Füße noch mehr Gefühl zu transportieren. So kannst du dir vorstellen, dass es über vielleicht warm und kalt geht und vielleicht über feucht und trocken. Ist dies für dich eine Möglichkeit, dich noch einmal dem Thema zu nähern bzw. es in einen anderen Blickwinkel zu verlagern?
So dass du nicht länger bist jener, der hier ist auf der Suche nach dem Sinn der Botschaften, sondern dass du weißt, wann und wie es ist. Welcher Energie du Vertrauen schenken kannst und welche du einfach wegschicken solltest. So wäre das mein Vorschlag."

„Also, während der Lichterlebnisse?"

„Sowohl während der Lichterlebnisse aber auch während du das z.B. probierst, wenn du läufst. Nehmen wir mal an, du gehst spazieren. Nicht wenn du in der Stadt bist, vielleicht auf den Wegen, wenn du mit deinem Hund unterwegs bist. So wäre hier mein Vorschlag, dass wir versuchen, mehr über die Füße zu arbeiten. Und so es Energien sind, die dir sind hilfreich, und die wirklich eine konkrete Botschaft haben, die würden sich dann mit deinen Füßen sozusagen, in Kontakt setzen.
Ist das für dich eine Möglichkeit um zu wissen, wem du hier trauen kannst und von wem du dich besser abwenden solltest?"

„Ja, aber wie werde ich die Botschaft verstehen?"

„Wie sie sich dann genau für dich anfühlen mag, kann ich hier auch nur vermuten. So ist dies ein Vorschlag und auch ein Übungsfeld. Aber so hast du hier zumindest die Möglichkeit zu lernen und zu unterscheiden, was von dem für dich wichtig ist. Jene, die für dich wichtig wären für Botschaften oder Nachrichten, die das Licht mit sich bringt, würden sich dann zusätzlich an deinen Füßen

melden. Und all jene, an denen du nichts spürst während du sie siehst, bist du immer gut beraten, ihnen zu danken für ihr Dasein, kannst ihnen aber getrost sagen, dass sie nun gehen dürfen und jemand Anderen beglücken, falls sie das mögen.
Du hast dann mehr und mehr Ruhe und so wirst du wissen, was der eigentlichen Unterhaltung hier nur diente, auch natürlich ihrer. Und du wirst wissen, welche Informationen hier für dich von Wichtigkeit sein könnten.
Bilder sind Impulse, die du dann verwandelst in dir drin zu einem Wort, zu einer Aussage. Verstehst du ein Stück weit von dem, was ich sage und kannst es für dich so umsetzen?"

„Ich werde sie mit meinen Augen sehen? Oder mit dem ‚Dritten Auge'?"

„So wie bisher. Es wird wohl nicht sofort aufhören, obwohl es bereits angesprochen war, dass es wohl weniger wird. Aber deine Bereitschaft für diese Art von Sachen scheint sehr groß zu sein. Und du bist anscheinend auch sehr beliebt.
So ist das schön, aber nicht mehr von Nöten für dich. Und es ist mir unangenehm, dass ich höre, dass es dich auch bedrängt und dir Freude und Kraft nimmt. Und das ist hier nicht gewünscht.
So sage den Energien, die du nicht spürst an deinem Fuße, dass sie nun dürfen gehen, und dass sie nicht wieder hierher eingeladen werden können in dieser Art. Nicht sie vergraulen, denn es ist ein großer Dienst, den sie auch erwiesen haben, der aber nicht länger nötig ist, wenn es keine konkreten Informationen für dich beinhaltet.
Wünsche dir das noch einmal für dich, bevor du ins Bett gehst. Mach noch einmal deinen Schutz für dich.
So ist ein Gitternetz wirklich das, was immer noch den angebrachtesten Schutz bietet. Alle Energien, die nicht für dich dienlich sind, werden an dem Gitternetz hängen bleiben. Nur jene, die in Liebe kommen und eine Botschaft haben, werden sich zeigen und mit deinen Füßen in Verbindung treten. Und dann wirst du üben müssen. Wie du in dir das Gefühl bzw. dein Bild dazu entwickelst und

interpretierst, kann ich dir jetzt nicht sagen. Du wirst es aber lernen, wenn du mit deinem Herzen arbeitest und nicht länger mit deinem Verstand. Lerne noch ein Stückweit mehr über deine Füße kennen. So du die Zeit findest, kannst du sie noch mehr vorbereiten. So sind ein Fußbad und eine Massage immer willkommen, um sie auf das vorzubereiten. Oder für die Energien vorzubereiten, die es dann ernst meinen und mit denen du dann vielleicht auch in der Zukunft zusammenarbeiten kannst.
So wisse, dass ich bin an deiner Seite, ich mag dich hier noch einmal dazu ermutigen, das, was du bereits geschaffen hast, mit anderen zu teilen, zur Verfügung zu stellen. So hast du hier viel zu geben, da sind wir uns hier alle einig.
Alles ist in bester Ordnung, auch wenn du es nicht verstehen und auch noch nicht so sehen kannst. Ich bin nun nicht länger in der Lage, das zu konkretisieren. Ich hoffe, du konntest mir soweit folgen und ich habe ausreichend Antwort geben können. Aber frage noch ein letztes Mal nach, was noch ist in der Unklarheit hier bei dir."

„Du hast am Anfang gesagt, ich würde eine Lichtsprache lernen und dann eine Tonsprache oder eine Klangsprache. Gilt das noch?"

„So ist das bereits geschehen. So sind die Lichter und die Töne bereits dran gewesen in der Unterrichtsfolge. So ist dies ebenfalls Teil der Vorstellung gewesen. So du willst, kann man jede Farbe in einen Ton umwandeln. Nicht hörbar für dich wenn du das Licht siehst. Und trotzdem kommt in deinem Innersten eine Information an, die in dir drin ist wie eine Klangfolge.
Ich weiß, dass die Sprache nicht einfach zu verstehen ist, weil wir auch einen Mittler brauchen, der sich hier zur Verfügung stellt. Aber dass es nicht so ist, als wenn ich mit meiner eigenen Sprache direkt zu dir reden könnte.
So wisse, dass all das, was du erwartet hast, bereits geschehen ist. Nicht so wie es in deiner menschlichen Vorstellung war, aber doch ist es bereits teilhaftig Deines Wesens, und so hast du diese Bereiche bereits abgeschlossen.

Nichts gibt es hier mehr zu suchen nach der Lichtsprache. Du hast sie bereits verinnerlicht. So arbeiten wir gerne hier Hand in Hand und doch sind wir hier nicht die Lehrer, die euch etwas beibringen können. Dies ist hier wichtig zu verstehen. So danke ich dir für deine Geduld und für den Fleiß, den du so oft legst an den Tag. So halte dich nicht zu sehr im Kopf auf, sondern suche nach der Freude und bringe sie nach draußen.
Nimm sie in die Hand und verteile sie fleißig unter den Menschen denen du begegnest, und schöpfe fleißig deine Liebe. Schaufelweise kannst du sie auch wieder abgeben. Keine Sorge, es wird nicht weniger und du bist zutiefst geliebt. Das ist, was ich dir mit auf den Weg gebe.
Hoffe, du findest die Klarheit, die du dir ersehntest und die du doch nur in dir selbst finden kannst. So ist es gut, dass die Zeit reif war, um die Worte zu sprechen und um die Verbindung neu zu machen. So ist das nichts, was wirklich neu ist. Viele Versuche wurden bereits unternommen. Doch Vielen ging genau wie dir, sie waren doch zu ungeduldig und wir waren nicht genug vorbereitet und hatten nicht die nötigen Werkzeuge.
Sind dankbar über die Möglichkeit der Vermittlung durch dieses Instrument und wollen auch nicht noch länger die Energie ausdehnen, da sie schon mehr als genug gedehnt ist hier. So gebe ich dir das letzte Wort und gehe nun in das Schweigen. Verabschiede mich mit den Worten: Ich liebe dich. Ich liebe dich. Ich liebe dich. Gott zum Gruße."

„Ich liebe dich auch."

Ich wollte die nächtliche Multi-Media-Show stoppen, weil ich nichts oder fast nichts von den Botschaften - sofern es denn welche waren - verstand und erhoffte mir Hilfe aus der „Geistigen Welt". Die Show schien sich verselbständigt zu haben und ich konnte nicht mehr bestimmen, wann sie beendet gebe.
Der Gedanke, dass in meinem Kopf permanent Bilder abliefen,

machte mir eine Riesenangst! Ich sah mich in Gedanken schon in einer „Irrenanstalt“ landen.

Welche Erleichterung nach der Sitzung mit Michael: In der nächsten Nacht und in den folgenden Nächten konnte ich ohne Unterbrechung durchschlafen! Kein Aufwachen aus Träumen! Keine Multi-Media-Show! Einfach nur schlafen! Langsam kehrte wieder Ruhe ein und manchmal bedauerte ich es sogar, dass die Nächte jetzt doch eher langweilig waren. Ich war Michael sehr dankbar dafür, dass ich meine Ängste wieder loslassen konnte und mein Leben wieder genießen durfte! Gleichzeitig war das erfolgreiche Eingreifen von Michael für mich auch eine Bestätigung dafür, dass die nächtlichen Erlebnisse kein Ausdruck meiner Psyche waren; sie sollten mir tatsächlich Einblicke in andere Welten verschaffen.

Ich habe hier bewusst das Gespräch mit „Michael“ in ganzer Länge und in der Sprache des Mediums wiedergegeben, um einen Eindruck von Channel-Sitzungen zu vermitteln und um die für uns ungewohnte Sprache darzustellen.
Den Klang und die Schwingung der Stimme während der Sitzungen zu erfahren, die Anwesenheit Michaels zu spüren, ihn als strahlendes Licht wahrzunehmen, verliehen den Inhalten der Durchgaben eine zusätzliche, berührende Kraft und ließen mögliche Zweifel an der Wahrhaftigkeit dieses gechannelten Wissens verschwinden.
Für mich war und ist die Energie Michael real. Durch ihn war es mir möglich, neue, faszinierende Einblicke in andere Welten zu gewinnen. Durch seine Unterstützung und seinen Schutz lernte ich auch, wie ich diese Einblicke steuern und beenden konnte, wenn sie meine Psyche und meinen Körper zu stark belasteten.
Auch heute noch, bitte ich Michael darum, mich und mein Umfeld vor Gefahren zu beschützen und vertraue darauf, gemeinsam mit ihm, bedrohliche Situationen ohne Schaden zu meistern. Auf meiner Suche nach Wahrheit, Erkenntnis und nach mehr Licht und Lebensfreude begegnete ich aber nicht nur Michael. Eine weitere mächtige und liebevolle Energie trat in mein Leben. Joshua!

Joshua

Eigentlich wollte ich nur wissen, warum ich so große Schwierigkeiten hatte, dauerhaft liebevolle Gefühle für alle Mitmenschen zu empfinden. Warum gab es immer wieder Phasen, in denen ich nicht in meiner Mitte blieb?
Warum konnte ich in dieser Zeit mein Herz nicht vollständig öffnen und spüren, dass ich mit Allem liebevoll verbunden war? Also, hin zu Anja! Vielleicht fand sie ja den Schlüssel.
Apropos Schlüssel: Zur gleichen Zeit hatte ich einen wunderbaren Traum. Ich träumte, ich stand an einem „einarmigen Banditen", einem Glücksspielautomaten, drückte den Hebel runter. Das Spiel begann. Drei Mal die Acht! Hauptgewinn! Aber keine Münzen fielen, begleitet von schrillen Licht- und Tonsignalen aus dem Gerät. Lauter Schlüssel! Es nahm und nahm kein Ende. Auf dem Boden vor dem Automaten wurde der Haufen mit unterschiedlichen Schlüsseln immer größer.
Wow! Ja, ich schien ja schon über alle Schlüssel zu verfügen, musste nur noch herausfinden, zu welchem Schloss sie passten. Mein Weg zum passenden Schloss, führte mich mal wieder zu Anja.

Joshua und die goldene Rose!

„Gott zum Gruße. Gott zum Gruße geliebtes Licht. Voller Dankbarkeit darf ich dir hier berichten, dass eine Vielzahl von Energien in der Anwesenheit ist. So bin ich jene Energie, die gebeten wurde hier zuerst zu sprechen, um dir zu helfen, deine eigene Energie wahrzunehmen und zu spüren.
So spreche ich dir hier mit dem Namen Joshua Ben Joseph. Ebenfalls in der Anwesenheit und ebenfalls in der Liebe zu dir steht die Erde selbst, und das Kleine Volk ist sozusagen immer da, wo auch die Erde anwesend ist. So sind sie da, so sind wir da und so bin ich doch die erste Energie, die hier zu Wort kommt. So wisse nun, dass

du bist von Vielen hier getragen. Und wisse, dass du bist nicht alleine auf diesem Pfad, auf diesem Weg hin zu dem, was ist das Neue Land.
So spreche ich nun zu dir als jene Energie, die dir als jene Energie vertrauter ist, die ihr nennt Jesus der Christus. So komme ich, um dich und dein Herz zu berühren und um dich in der Gegenwart dieses Instrumentes wahrzunehmen.
So habt ihr hier einen Kontakt geschaffen, der einzigartig ist und der dir bereits geholfen hat, ein Stück weiter zu gehen. Doch ist dies hier nicht ausreichend oder wie du sagst, nicht befriedigend. So setze ich hier noch einmal ganz vorne an.
So darf ich dir mitteilen, dass du schon viele Zeitabläufe gegangen bist und immer wieder an einen Punkt angeknüpft hast, der dir vertraut und bekannt vorkam. Warst nicht nur einmal ebenfalls in der Nähe meiner Seiten und in der Nähe meiner gesprochenen Worte.
So hast du hier ebenfalls erkannt, dass es mehr als nur eine Wahrheit gibt und nicht nur meine Wahrheit allein hat dich und dein Herz zutiefst berührt und geöffnet. So kann ich dir hier einen kleinen Hinweis geben. Du bist In eine Falle getappt. Schon in dem Zeitablauf, Zeitraum, in dem wir gemeinsam ein Stück des Weges gegangen sind, hast du an diesem Punkt angehalten, an diesem Knoten.
Du hast dir erhofft, durch die Liebe einen Weg zur Erkenntnis zu erlangen. Du hast geglaubt, hier wäre eine Abkürzung, die du über die Liebe gehen könntest, um in eine höhere Schwingung zu kommen.
So erinnere ich mich sehr gut an dich. So bist du schon immer eine Energie gewesen, die der Liebe nie abgeneigt war und die zutiefst gewusst und geglaubt hat, dass die Liebe einzig und allein dazu da wäre, das Gute hervorzubringen und alles andere in den Ausgleich.
So hast du hier an einer Frau geklebt, die dir nichts Gutes tun wollte, sondern dich als ein Instrument, als eine Quelle der Energie benutzt hat.

So warst du noch jung und unerfahren. So hast du die Fäden nicht erkannt, die sie um dich herum gesponnen hat.
So ist es so, dass du Teile dieser Fäden in deine weiteren Leben mitgenommen hast. So hab ich damals ein Wunder nicht abwenden können von dir.
So wusstest du zwar um den Ausgleich, hast aber nicht festgestellt, dass du nicht dazu kamst, deine Energie auch wieder auszugleichen. Hast hier nur gegeben und dich in deiner Kraft und deiner Essenz erschöpft. So hast du darauf vertraut, dass die Partnerin an deiner Seite, sich dir ebenfalls hingeben würde.
So ist hier ganz bewusst von dir der Tag acht gewählt worden. So ist es hier keine Zufälligkeit, dass ich nun da bin und als erster zu dir spreche.
So gehe ich, wenn du magst, einen Moment in die Stille und erspüre, wo sich noch die Fäden befinden, um den Ausgleich für dich und für deine Herzensqualität zu bringen. So bin ich doch noch neugierig darauf, ob du in dir, in deinem Herzenszentrum, einen Funken von dem spürst, was ich hier über die Begegnung mit mir und die Liebe und die Lebensenergie spreche, die du damals gelebt hast.
So sei du frei mit deinen Worten und Fragen, wenn du fragen willst. So sprich: Spürst du einen Funken der Erinnerung in dir, in deinem tiefsten Inneren des Herzens?"

„Ich spüre einen Funken in meinem Herzen, aber ich kann keine Verbindung zu der Situation herstellen."

„So ist es gut wie es ist, für dich vielleicht nicht wichtig, hier in das Detail zu gehen. Ich bin da und ich erinnere mich und so du willst, kann ich möglicherweise ein paar der letzten Fäden die gesponnen wurden und über Zeitabläufe hinweg dich begleitet haben, nun von dir nehmen. Wenn du willst und wenn du so weit bist, noch einmal dein Sein und dein schönes Herz von meiner Energie berühren zu lassen.
So brauche ich jedoch hier dein Einverständnis und deine Geduld

ebenso. Wärst du einverstanden, wenn ich dir zur Hand gehe und dir behilflich sein könnte?"

„Ja."

„So versuche Du ganz bei dir zu sein und noch einmal für dich in deinem Herzen zu visualisieren, wie es in dir kraftvoll schlägt und wie es dich belebt. So ist dies dein einziger Auftrag hier im Moment. Ich werde in die Stille gehen und werde spüren, was ich dort bewerkstelligen kann. So ich das getan habe, gehe ich wieder in das Wort, um dir zu berichten. Versuche an nichts anderes zu denken als an die Kraft und an dein pulsierendes Herz. So ist genug gesagt für den Moment.

So ich nun sehen kann und so ich nun spüren kann, teile ich dir mit, was ich hier wahrnehme. Ich brauche deine Kraft noch einmal. So ist es so, dass es wie ein gewebtes Muster aus einem goldenen Faden ist. Es sieht so aus, wie du dir eine Rose vorstellen würdest. So ist es ganz zart umwickelt, kaum sichtbar, so dünn ist dieser goldene Faden, wirklich schön, so ist es nicht anders zu bezeichnen.

Die Frau hat sich sehr viel Mühe gegeben, um bei dir Eindruck zu hinterlassen. So ist es kein Wunder, dass du vielleicht hier und da noch eine Enge spürst. So ist die Frage, ob du bereit bist, mir zu helfen, diesen goldenen Faden, diese Rose, zu sprengen.

So wisse, es passiert dir nichts. So ist das einzige, was für dich passiert, die Möglichkeit, deine Herzensenergie auszudehnen. Im Moment ist dies nicht möglich, weil sie sich selbst gefangen hält in diesen goldenen Fäden dieser Rose.

So du magst, kannst du das Bild des Herzens behalten. Stelle dir dieses zarte Gebilde vor, das es festhält. So brauche ich deine Kraft und deinen Atem für einen Moment. Stell dir vor, dass du es mit deinem Atem aufblasen kannst. Das ist das, was ich von dir als Unterstützung brauche.

So du atmest ein in dein Herz und atmest aus, so dehnst du es aus. So brauche ich hier die Bereitschaft von dir, diesen Faden zu durchtrennen, ihn durchzureißen. So ist hier ein wichtiger Punkt.

Bist du bereit dafür und kannst du dir das Bild so vorstellen, wie ich es dir hier beschreibe?"

„Ja."

„Dann versuchen wir es nun gemeinsam. So bin ich alleine hier machtlos: Gehe in eine aufrechte Position und halte die Augen, wenn möglich, geschlossen, atme kräftig ein und aus und bringe dieses schöne Herz in die Ausdehnung.
So wird mit Sicherheit nach ein paar kräftigen Zügen das Gebilde reißen. Ich bin dabei und unterstütze dich mit meiner Energie und passe auf, dass die goldenen Fäden zurückgehen können zu jener Energie, die sie um dich herum gesponnen hatte, so du damit einverstanden bist?"

„Ja."

„Dann gehen wir gemeinsam in den Atem und wir versuchen gemeinsam die Kraft freizusetzen. Ich bin soweit.
Sei entschlossen und befreie dich aus diesen Fesseln, die nicht die deinen sind. So du willst, dass es beginnt, brauchst du hier deine gesamte Kraft und die gesamte Konzentration auf die Ausdehnung. So ist es gerade so, als wenn nur ein Teil sich auszudehnen beginnt, nur minimal, nicht ausreichend genug, um es zu sprengen.
Es beginnt sich jetzt auszudehnen.
So ist hier der erste Faden gerissen, so ist es gut.
Ich beginne jetzt das Netz anzuheben. Bleib beim Atmen und helfe mir. So ist es leichter. Gemeinsam sind wir so stark, dass es uns gelingt. Gib hier all deine Liebe frei. So gib ihr Luft und gib noch einmal Gas.
So hast du jetzt die Fäden gelöst. Übrig bleibt das Bild der Rose. So bitte ich dich hier, nimm dieses Bild einer goldenen Rose, nimm es und schicke es in Gedanken voller Liebe zurück zu jener Energie, die damals in Liebe mit dir vereint war. So du magst, kannst du ihr noch einen Gedanken schicken oder dankbar sein für die Erlösung.
Du bist nun frei von diesem Netz. So nimm dir einen Moment Zeit

und dann sprich zu mir, wenn du es losgelassen hast. So ist es gut. So bin ich dabei und so bist du dabei, dich hier erneut auf den Pfad der Liebe zu begeben. Noch einmal werden wir gemeinsam hier ein Stück des Weges gehen, auch wenn du mich vergessen hast in dieser langen Warteschleife.
So bist du jene Energie, die mir in Liebe vertraut ist. So bin ich hierhergekommen als der, der ist der Sohn. So ist es mir eine große Ehre, dir in diesem Fall behilflich zu sein. Der erste Schritt war, dieses Problem der goldenen Rose zu lösen.
Wichtig ist hier zu erwähnen, dass es um Magie ging. So sei du ganz vorsichtig, mit wem du dich in Zukunft einlässt. Wisse, du bist geliebt und geschützt. Trotzdem achte darauf, welche Energien sich um dich herum befinden, die möglicherweise auch nicht gerade dabei sind, sich mit Stolz und mit Licht zu rühmen, sondern die auch ihre dunkle Vergangenheit haben. Und die dazu beitragen, dass es schwierig ist."

Mit Joshua trat eine zweite große Energie wieder in mein Leben! Zuerst ein Erzengel und jetzt Jesus! Etwas kleiner geht es wohl nicht! Dass ich den Kontakt zu ihm wieder aufnehmen durfte, war schon verwunderlich, schließlich war ich aus der Kirche ausgetreten, als ich zum ersten Mal Kirchensteuer bezahlen musste. Seitdem habe ich mich zwar immer mal wieder mit ihm und seinem Wirken beschäftigt, insbesondere mit der Rolle von Maria Magdalena in seinem Leben, ich hatte dabei aber nie das Gefühl einer tiefen freundschaftlichen Verbindung zu ihm.

Die Energie Joshua sollte mir noch häufiger begegnen auf der Suche nach „meiner Wahrheit" und meinem Weg der Liebe. Und da ich ja zu ihm einen guten Draht zu haben schien, wollte ich auch gleich meine Neugierde befriedigen und aus „erster Hand" erfahren, ob er mit Maria Magdalena in Liebe verbunden war und wer seine Anhänger waren und.... Natürlich wollte ich auch mehr über unsere „Begegnung" vor über 2000 Jahren erfahren.
Nach dieser Begegnung mit Joshua konnte ich wieder die liebevol-

le Verbundenheit mit (fast) Allem spüren und mein Herz konnte sich, nun befreit von den goldenen Fesseln der Rose, weiter öffnen.

Joshua zu unserer gemeinsamen Inkarnation!

„So bin ich dankbar, dass du beim letzten Mal schon ein Stückweit deine Tür des Herzens geöffnet hast und bitte dich auch heute, deine Tür noch einmal für mich aufzumachen, um dich mehr und mehr mit der Energie zu berühren, die ich bin. So ist es gut, wenn du mich als Freund erkennst und mich beim meinem Namen Joshua nennst.
Dankbarkeit ist etwas, was auch aus dir heraus strahlen kann. So frage ich dich: Ist es dein Wunsch und deine Absicht, Dankbarkeit und Liebe zu verstrahlen und die Menschen damit zu überhäufen oder was ist dein Wunsch und deine Absicht in der Verbindung mit mir nach vorne oder hinaus zu tragen?
So bitte ich dich, Worte zu finden, um das zu transportieren, was du dir in diesem Moment hier und jetzt wünschen würdest?"

„Liebe und Mitgefühl und Respekt"

„So frage ich dich: Gibt es für dich Dinge in deinem Leben, für die du dankbar sein kannst oder fällt es dir schwer, in dir Dankbarkeit zu finden?"

„Nein, es gibt viele Dinge, für die ich dankbar bin."

„So ist es gut. Die Dinge, die du nanntest, sind alle wirklich wichtig für das, was nun auf die Menschheit zukommen wird. Eine Rückerinnerung wird stattfinden. Die Religion ist hier leider so oft der Anlass gewesen, Kriege zu führen im Namen des Vaters. Unvorstellbar wie es geschehen konnte, dass diese Worte über die Lippen der Menschen kommen.
Unvorstellbar auch für viele, dass es denn, wenn es doch den Vater im Himmel wohl gibt, er das dann wohl nicht unterdrücken kann. Warum herrscht denn hier nicht Liebe und Frieden?

Und so ist es doch oft derselbe Satz, der hier vorgebracht wird. Es hat hier zu tun mit dem freien Willen. Ja und doch ist es selbstverständlich der freie Wille jedes Einzelnen die Erfahrung zu machen, die für die Seele wichtig war. Die Wünsche, die sie hatten, bevor sie wiederkamen, um alles zu vergessen.
So hatten wir wohl schon heute das Thema der Aufgabe und trotzdem sage ich auch, es sind Seelenwünsche und so ist jede Seele nun so nah dran wie nie zuvor von einer Energie berührt zu werden, die es zuvor in dieser Dreiheit nicht gab, in der wir heute zu euch sprechen, ist etwas möglich geworden, was du und ihr weiterreichen könnt.

Finde nicht Worte für das, was es nicht gibt. Versuche eher durch das, was du tust und wie du handelst, auszudrücken, dass es uns gibt, dass wir deiner teilhaftig sind. Es ist nicht aus einem Buch abgelesen oder aus einem Seminar hier erlernt, nein es geht um dich und es geht um euch.
Ganz präzise geht es hier darum, authentisch zu sein und den Teil Gottes, den jeder in sich trägt, den anderen zu zeigen. Sich nicht zurückzunehmen. Sich nicht zu verstecken, sondern vollen Herzens nach draußen zu gehen, sei es nur vor die eigene Tür und das Leben und die Welt zu umarmen. Lasse andere teilhaben an deiner Frohnatur und versuche nicht, hier mit Worten und Geschichten überzeugen zu wollen. So können sie das nicht verstehen.
Sei lieber du der Funke und der Teil Gottes, der auf sie überspringt. So lange bis sie verstehen und spüren, dass sie ebenfalls ein Teil und ein Funke des Ganzen sind und dass hier nicht der Eine von Anderen zu trennen ist. Und dass es eine Kettenreaktion gibt, wenn wir uns alle zusammentun würden in Bezug auf Liebe, Mitgefühl, Respekt und Dankbarkeit. Doch das ist es, wovor die meisten sich fürchten. Das hat es so noch nie gegeben.
So wirst du erleben, wie hier große Schritte gemacht werden. Und so wisse, dass du und ihr seid auf eurer Ebene, auf eurer Alltagsebene und auch in der Traumebene ebenso, teilhaftig an dem, was ich hier nenne das Reich Gottes.

So ist es Teil meiner Welt und so ist es Teil eurer Welt. Und das Paradies tragt ihr in euren Herzen. Und nur in euren Herzen ist der Weg dorthin zu finden. Nicht außen und nicht hier im normal Irdischen werdet ihr dort Zugang oder Einlass finden. Den Schlüssel tragt ihr in euch. So gebe ich hier dir Möglichkeit, noch eine weitere Frage zu stellen, so du möchtest, geliebte Seele."

„Ich würde gerne wissen, welchen Weg der Liebe ich gegangen bin, als wir das letzte Mal gemeinsam inkarniert sind und welche Rolle die Frau mit der Rose dabei gespielt hat und in welchem Zusammenhang ich mit dir war?"

„So ist es gut, diese Fragen zu stellen. Doch wisse, auch das ist ein Teil der vergangen ist, nicht wirklich relevant zu wissen, wie wohl dein Name war und doch verrate ich es dir natürlich gerne. Es dient dir allerdings nicht jetzt, sondern hilft dir noch einmal im Alten rumzuwühlen. Aber du kannst selber wählen. So das dein Wunsch ist, respektiere ich auch diesen.
So warst du zu der Zeit, als ich wandelte auf Erden, eine Seele, die mich auf einem Weg gefunden hat, an dem ich einmal Rast einlegte. Du halfst mir und du warst zu dieser Zeit dabei dich zu entscheiden, welchen Weg im Leben du gehen wolltest.
Du hattest einen Handwerkerberuf gelernt, dem meinen ähnlich. Und so sprachen wir über verschiedene Dinge. Und so warst du einer, den die Frauen gerne hatten. So hattest du viel Freude mit den Frauen, wenn du so willst.
Ich habe mich mit dir zwei Tage und zwei Nächte lang darüber unterhalten, was die Liebe ist. So berichtetest du mir von einer Liebe zu einer Frau, die du trafst. Sie kam von sehr weit her, sah fremd aus, und so hattest du sofort einen Blick für sie. Sie hatte eine besondere Art sich zu zeigen und zu präsentieren und sie besaß eine Art von Magie, die auch ich bis dahin nicht kannte. Sie war in der Lage, Dinge zu visualisieren und sie auch zu materialisieren.
Du warst von ihr angetan. Du hast ihr Glauben geschenkt, dass sie mit dir zusammen sein möchte und das du glücklich sein würdest.

Sie hatte erkannt, dass du eine gewaltige Herzensenergie hast. Diese hatte sie für sich zugänglich gemacht. So stelle dir jemanden vor, der ein schwaches Herz hat und sich an einem starken Herzen hier bereichern könnte, um das eigene zu stärken. So tat sie es nicht, um dich zu verletzen oder gar zu schwächen, sondern um sich zu bereichern.

Sie hatte mit Alchemie zu tun. So ist das Gold für sie ein wertvolles Material gewesen, das sie sich zu Nutze gemacht hat, um die Energie zu sich hinüber zu leiten. Dass es dir nicht auffiel, ist nicht ungewöhnlich.

Du warst in Vielem zu sehr nur an den oberflächlichen und auch sexuellen Reizen und Spielen interessiert. Damals schon habe ich daraufhin gesagt, dass es etwas sehr Heiliges ist, sich auszutauschen und mit ihr die Essenzen und die Säfte zu teilen. Du hast gelacht und du hast deinen Spaß und deine Freude bekundet. Hast nicht mal im Geringsten nur eine Sekunde daran gedacht, dass dir durch deine Liebesabenteuer weder zu dieser noch zu einer anderen Frau, etwas geschehen könnte, was dich behindert oder gar einengt.

So hattest du hier keinen Einblick darin, dass sie sich etwas abgezwackt hat, was dir schlussendlich gefehlt haben könnte.

Nicht zu sagen, ob du es in diesem Leben anders machen würdest. Doch gebe ich dir hier den Hinweis: Die Frau hat sich damals wirklich für dich interessiert und sie hatte dich auch geliebt, auf ihre Art und Weise.

Ihr war nicht vertraut, was du mit ihr geteilt hast. So warst du im Glauben, es würde dann zu dir zurückkommen und du würdest auch etwas in ihr bewegen und die Liebe zu ihr würde auch dir etwas zurückgeben. Sozusagen was du gibst, käme auch zurück von ihr auf dich.

Dieser Ausgleich hat nicht stattgefunden. Du warst unaufmerksam und zu sehr fixiert auf den Moment und den Spaß und hast vergessen, dass es ebenfalls ein alchemistischer Prozess ist, wenn man sich dieser Liebe und diesen Gefühlen ganz und gar ergibt und hingibt. So ist dort etwas geschehen, was du durchaus auch in die-

sem Leben wieder erfahren kannst. So ist die Person nicht mehr an der Seite und du wirst ihr auch nicht mehr begegnen. Doch wisse: Du hast jetzt die Möglichkeit, noch einmal über die Liebe und die Sexualität nachzuspüren, was für dich hier wirklich stimmig ist. Und auch, ob du den nötigen Respekt und Dankbarkeit und Liebe für dein Gegenüber empfinden kannst, dem du vielleicht in diesem Leben noch begegnen möchtest.
So hoffe ich, dass du die Worte verstehst und ich möchte dich erinnern: Es ist mehr als nur ein körperliches Zusammenkommen. Und so wird etwas Heiliges stattfinden. Es ist nichts, was man im Vorbeigehen miteinander teilen kann und es ist auch etwas, das wachsen muss und nicht unbedingt vom ersten Moment an präsent, vorhanden sein muss.
So ist die Liebe immer wieder ein Wunder und die Liebe ist das Einzige, was in der Lage ist, den Hass und das Dunkle zu überwinden. So frage ich dich, ob ich dir hier genug Auskunft gegeben habe über diese Inkarnation, in der wir uns bereits einmal begegnet sind?"

„Ja"

„So bin ich dankbar und erfüllt und sage hier noch einmal etwas zu dem, was ich fast vergaß. So bin ich gerne bereit zu sprechen, nicht nur zu euch, sondern auch zu denen, die ihre Herzen für meine Energie öffnen mögen. Und so wisse, ich bin da alle Zeit und bin nicht nur an einem Ort, sondern an allen.
Und so ist es durchaus möglich, die Menschen mehr und mehr zu berühren. So ihr den Anstoß gebt, werde ich hinter euch sein und in eurem Leben wirken. Die Liebe hochhalten und das Licht meiner Kraft zu euch schicken, damit auch ihr das nach außen in die Welt hinaus sendet. Gott zum Gruße. Ich liebe euch. Ich liebe euch. Ich liebe euch."

Die Neugierde war geweckt und ich wollte mehr über die Energie Joshua, sein damaliges Leben und die „Neue Freiheit der Liebe" hören. In der nächsten Sitzung ging es aber erst einmal um das „Gitternetz der Neuen Freiheit der Liebe"

Joshua zur Neuen Freiheit der Liebe!

„So sei mir gegrüßt geliebtes Licht. So sage ich dir willkommen mein Freund. So ist es eine Zeit her, dass ich zu dir in das Wort ging. So bin ich froh, dass ich es jetzt geschafft habe, in diesem Raum ein Gitternetz der Liebe aufzubauen, um dich und euch darin einzubinden.
Würde euch bitten, im Anschluss noch einen Moment still darin zu verharren, um die Energie ganz und gar in euch einfließen zu lassen. So ist das, was ich zu euch hier direkt zur Erde zurückbringe eine Energie, die vor vielen Zeitabläufen gegangen ist. Diese hat zu tun mit der Freiheit, mit dem eigenen Wunsch und mit der Absicht. Zusammen ergibt es ein Gefühl und ein Abbild der Liebe.
So bin ich dankbar, dass sich mehr und mehr Menschenseelen verbinden und treffen, um hier gemeinsam an diesen Netzen zu arbeiten. So wurde bereits zuvor gesagt, dass vieles von dem, was an Worten wieder gegeben wurde, die ich gesprochen habe soll, nicht wahr ist. So ist einiges verfälscht.
So ist dies natürlich nicht verwunderlich für euch und doch empfinde ich es nach wie vor als ein großes Unglück, dass ich das eine oder andere nicht mehr richtigstellen kann. Versuche dies nun über einen anderen Weg wieder zugänglich zu machen und das ist über das Netz, von dem ich hier spreche.
So ist mein Freund der Michael ebenfalls daran beteiligt, weil wir gemeinsam an diesem Netz gearbeitet haben. So ist er mir nicht nur Freund, sondern auch engster Vertrauter und große Hilfe, um das was ist die" Neue Freiheit der Liebe", auf die Erde zu transportieren.
So sind wir in unseren Bereichen dabei, uns neu zu ordnen, damit wir selber hier die Möglichkeit haben, in eine neue Art der Freiheit

und der Energie einzutauchen. Wisset, dass wir sind mit euch direkt verbunden und so es uns nicht gelingt, es über unsere Bahnen zu transportieren, werden die Energiekreisläufe erneut zusammenbrechen oder gar schlimmer. Dann werden die Worte wieder verfälscht und in eine Richtung gedreht, die dann von woanders her kommt und es treibt einen anderen Wind in euer Bewusstsein hinein.
So wisse, dass die Zeiten stürmisch sind und dass es gut ist, wenn man sich bewusst über die Möglichkeiten des Schöpfens ist und sich dieser bedient. So sag ich dir: Nichts was ich getan habe, wäre nicht auch dir und euch möglich. So hat es mir nie gefehlt an der nötigen Portion Mut, weil ich immer in meinem Handeln klar und ganz verbunden mit mir war.
So möchte ich dich fragen: Bist du denn mit dir einverstanden, so wie du im Moment bist? So spreche zu mir."

„Ich habe zu wenig Lebensfreude und Spaß. Weiß nicht, in welche Richtung es weitergehen sollte."

„ So ist in der Tat nicht genau zu erkennen, wo es hingehen könnte mit den Seminaren. Doch für die Neue Zeit gilt es leider doch immer weniger Techniken zu benutzen, sondern sich einzig und allein auf das zu verlassen, was dich emotional tief in dir drin berührt. So ist es gut, wenn es dich im Zentrum deines Herzens erreicht. So wisse, dass du noch andere Zentren hast, die davon ganz und gar begeistert sind, wenn sie hier den Impuls von der Lust und dem Spaß bekommen. So bitte ich dich, dich hier nicht zurückzunehmen, sondern dich neu zu entdecken.
So war das letzte Mal auch die Rede davon, sich an die Kindheitsträume zu erinnern. Ob du es nun nennst „Das innere Kind" oder das Kind, was noch in dir wohnt, spielt überhaupt keine Rolle, sondern es ist eine Energie von dir, die bewusst niedergelegt wurde, die sich schlafen legen sollte.
Nun ist genau diese Energie wieder gefragter denn je. Das Bewusstsein eines Kindes hat dem eines Erwachsenen so vieles voraus. So tust du eventuell auch gut daran, noch einmal Kinder ge-

nauer zu beschauen. Du musst gar nicht direkt in den Kontakt oder in die Konfrontation gehen, und doch wäre hier wirklich eine Möglichkeit, etwas für dich selber neu zu entdecken. Auch Kindern dabei zu helfen, die neue Bewusstseinsebene für sich zu entdecken und zu erfahren ebenso.
So möchte ich hier noch einmal in die Stille gehen, möchte hier noch einmal den Raum öffnen, um zu hören, was für dich noch unklar ist.

„Ich muss die Informationen erst einmal verarbeiten."

„Hast du deine Liste mit deinen Fragen abgehakt und zur Seite gelegt? Ich spüre hier deine Energie und bin mir auch bewusst darüber, dass eine besondere Energie im Raum herrscht und die Stimmung ebenfalls noch einmal eine andere als zuvor ist. So ist dies gut und gewollt. Ich darf dir sagen, dass es hier nicht darum geht, dass wir hier Fürsprecher sind und dass wir mit dem, was wir hier von uns geben, maßgebend sind für das, was geschehen wird oder was du schöpfst oder aus deinem Leben machst.
So besteht die Möglichkeit, die wir hier auf der Erde haben, in die Eigenverantwortung zu gehen, um sich mit Allem was ist, verbunden zu fühlen.
So sprach das Instrument davon, die Verbundenheit mit den Teilen, die wir repräsentieren, in uns selbst zu spüren. So erinnere dich, dass ihr alle seid göttliche Wesen und dass ihr mehr zu geben habt als das Wort.
So lass mehr und mehr deine Taten dazu übergehen, dass du aus der Herzensliebe heraus handelst. Mach dir nicht zu viele Gedanken, wie genau dein Plan aussehen wird.
Der Hinweis, den ich dir und euch geben kann ist, dass ihr euch lieber konzentriert auf den Spaß und das, was Freude in das Leben bringt, anstatt euch an Themen und Problemen festzuhalten. So wisst ihr vieles nicht für Andere zu erlösen.
So wisse, dass es vielmehr hilfreich sein wird, die Menschen ganz in den Moment hinein zu bringen. Und hierzu hab ich keine Technik anzubieten außer der, dass du und ihr seid ganz präsent und

ganz authentisch die, die ihr seid und dass ihr in euch zutiefst an die Veränderungen glaubt, die ihr bewirken könnt.
Wir sind hier nicht die Lehrer. Wir sind Verbündete für den Kampf der Gerechtigkeit und der Liebe und des Friedens. So betrifft das alle Bereiche. Und so bist du eine Seele, die wirklich hier nicht nur für dich einen Unterschied machen kann.
So bitte ich dich jetzt, einen Moment ganz bei dir zu sein und ganz und gar in die Energie einzutauchen. Nimm das Bild wahr. Um dich herum und um euch herum verlaufen verschiedenfarbige Fäden, die aufgeladen sind mit der Energie, von der ich gerade sprach.
So spüre noch einen Moment in sie hinein und so du willst, nimm diese ganz bewusst in dir auf und spüre den Farben nach. So kannst du sie mitnehmen und in dein Feld hineinziehen, wann immer du sie brauchst. So danke ich dir für die Aufmerksamkeit, die Zusehens verschwindet und danke dir für dein Erscheinen hier an jenem Ort, dem ich sehr verbunden bin. Gott zum Gruße, geliebte Seele. Gotte zum Gruße, geliebter Freund."

Diese Sitzung war sehr anstrengend für mich und es fiel mir schwer, einzelne Sätze in ihrer ganzen Bedeutung zu verstehen. Zu stark war die mächtige Energie Joshua. Der Gedanke an ein „Gitternetz der neuen Freiheit der Liebe", an das sich jeder, der offen dafür ist, anschließen kann, war faszinierend. Ebenso der Hinweis, dass nur all das wichtig ist, was uns berührt; dass es keinen Plan gibt, unser Leben gestalten zu müssen. Eigentlich ganz einfach! Oder?
Jetzt komme ich endlich zu dem spannenden Abschnitt über Wahrheit und Fälschung. Ich war ziemlich aufgeregt vor Beginn der Sitzung. Schließlich hatte mich schon sehr lange interessiert, welche Rolle Maria Magdalena wirklich eingenommen hatte. Deckten sich die Aussagen von Joshua mit den Aussagen in der Bibel oder mit den Darstellungen im „Sakrileg" von Dan Brown, oder gab es eine weitere Variante?

Joshua zu Verfälschungen seiner Worte , zu Ehe, Gleichberechtigung von Männern und Frauen und zur Rolle von Maria Magdalena!

„Gott zum Gruße geliebter Freund. So darf ich dir hier meine Dankbarkeit zu Füßen legen, dass du gekommen bist, um zu hören und dich zu vergewissern. So spüre ich ganz deutlich die Offenheit und die Größe deines Herzens. So ist es mir eine Freude zu spüren und zu hören, dass es dir von Herzen wichtig ist, so es dir möglich ist, das geradezurücken, was verfälscht wurde. So ich dich hier richtig verstehe, ist es dein Anliegen, dass du die Energie unterstützen möchtest, die ich repräsentiere. Ist dies dein Wunsch oder was ist hier deine Absicht genau?"

„Ja, das ist mein Wunsch und ich möchte, wenn möglich, auch richtigstellen, was verfälscht wurde."

„So danke ich dir hier von Herzen für dieses Angebot, wenn ich das so richtig verstehe. In der Tat ist es mir immer ein Anliegen gewesen, hier die Möglichkeit haben um zu können, Dinge noch mal mit anderen Augen zu sehen, auch aus der Entfernung betrachtet und nun gebe ich dir hier eine Idee von dem, was mich bewegt.
So ist es viele Zeitabläufe her, dass mir wirklich etwas widerfahren ist, was einmalig war unter den Menschenkindern.
So bin ich ganz bewusst gekommen, um das Wort der Liebe weiterzugeben. So war es kein großes Geheimnis. So spürte ich, seitdem ich mich erinnern konnte, deutlich die Gegenwart des ‚Allmächtigen'. So ist dies ein Wort. So ist dies eine Idee. ‚Vater Gott', ‚Mutter Göttin'.
So habe ich zum Beispiel nie behauptet, dass es hier nur eine Energie gebe, die männlich sei und dass ich hier einzig und allein vom Vater komme.
So ist es hier das erste, was ich doch sehr bedauere. Als ich begann, meine Worte zu den Menschen hinauszutragen,

bin ich wohl auch eine sehr junge Seele gewesen, auch in vielen Bereichen unbewusst, und habe mich sicher hier und da auch zu wagemutigen Äußerungen hinreißen lassen.
Zu jenen Zeitabläufen hat es viele Menschen gegeben, die gute Absichten hatten den Menschen zu helfen, ihnen Vertrauen zu schenken und sie auch zu ermutigen. Um sie zu beruhigen, wurden Menschen hinausgeschickt, die ihr wohl Priester genannt hättet. So gab es hier eine Vielzahl von Priestern. Und selbstverständlich ist mir bewusst, dass es dir bekannt ist, doch erwähne ich es extra noch einmal, um hier zu verdeutlichen, dass die Energie, die ich getragen habe und die ich selbstverständlich noch trage, alleine die Energie des Herzens ist.
So ist es hier nie meine Absicht gewesen, mich an den Menschen bereichern zu wollen, große Summen an Gold kassieren zu wollen, sondern ich hatte immer nur Freude daran, über Liebe zu sprechen, den Menschen Hoffnung zu geben.
War mir meiner Gabe bewusst, meines Vertrauens und war mir auch im Klaren darüber, dass meine unüberwindbare Kraft darin liegt, dass ich zutiefst glaube und zutiefst das Vertrauen in die Schöpferenergie und die Liebe habe. So ist dieses für mich ein und dieselbe Kraft.
So ist hier von vielen Predigern mein Wort und ihres in einen Topf gemischt worden. So sind hier Regeln aufgestellt worden. So stell dir vor, dass es ursprünglich nichts gab, was man mit dem Wort der Ehe betitelt hatte. So ist dies nichts von göttlicher Kraft. So ist dies nicht die Idee gewesen, etwas zu wollen, was man nur im Herzen erspüren kann. Selbstverständlich hat es immer Verbindungen zwischen den Menschen gegeben, die sich zutiefst liebten. Hat es Rituale gegeben, die diese Verbindungen bekräftigt haben, und doch sage ich hier ganz klar: Ich habe nie Dinge gesagt, die konkret das Thema Ehe betrafen.
So sind hier viele Unwahrheiten verbreitet worden in Bezug auf Mann und Frau. So ist es immer meine Absicht gewesen, dass die gleichen Berechtigungen deutlicher gemacht werden mussten. Es hat leider immer ein großes Ungleichgewicht gegeben.

So habe ich versucht, zu meiner Zeit ebenso viele Männer wie auch Frauen im Gleichgewicht um mich herum zu haben, auch um nach außen hin zu verdeutlichen, dass es von größter Wichtigkeit ist, das Gleichgewicht zwischen Mann und Frau herzustellen. Dass hier nicht der eine mehr Wert als der andere ist.
So sind tatsächlich viele Dinge von Menschen als eine Interpretation meiner Worte geschrieben worden. So ist dies, was geschrieben wurde zu viel, um einzelne Sachen heraus zu picken. So geht es mir hier heute jedenfalls vordergründig um die Liebe zwischen Mann und Frau.
So ist dies die stärkste Kraft, die ihr habt, und die wieder in das Gleichgewicht und in den Ausgleich geführt werden darf und möchte. So ist hier auch Freiheit von Nöten und auch deshalb habe ich mich bereit erklärt, hier Hilfe zu sein und Dinge in eine Form zu bringen, so dass sie die Menschen überall erreichen kann.
So ist mir bekannt, dass es nicht gut funktioniert, wenn einer das Wort weitergibt und wieder seine eigene Interpretation hineingibt und die Aussage ein weiteres Mal verfälscht.
So habe ich hier mit meinen beiden anderen Freunden, der Erde und dem Erzengel Michael, dieses großartige Netz erschaffen.
Doch in der Tat ist es nicht möglich, selbst mit diesem Gitternetz, die verfälschten Wahrheiten zu korrigieren und sie richtig zu stellen. Möglich ist aber, in dieses Netz einzuspeisen, dass die Energie von Mann und Frau nebeneinander steht und nicht von dem einen oder dem anderen dominiert wird.
So hab ich immer versucht, Menschen zu ermuntern, es mir gleich zu tun, vor allem in der Liebe zum Nächsten und zur Erde und zur göttlichen Energie, sie in jedem Moment in meinem Alltag zu leben. So ist hier auch falsch interpretiert worden, dass ich einzig und alleine und wohl freiwillig, den Weg dieser großen Qualen angetreten habe, um damit zu erreichen, dass den Menschen hier ihre Schuld vergeben wird.
So du willst, nehme das alte Bild, das sich die Menschen gemacht haben aufgrund meiner angeblichen Aussagen über Gott. Warum würde er wohl richten wollen?

Er ist wohl sicher nicht die Energie, die richtet. Abgesehen davon, habe ich nie darüber gesprochen, dass die Energie einzig und allein männlich sei. Das ist ein Ausdruck und so haben die Menschen mehr und mehr etwas daraus gemacht, was es so nicht gab. Ich habe hier von Liebe gesprochen.
So ist es wohl wahr, dass Menschen, die an der Macht waren, selbstverständlich zu allen Zeiten männlich waren.
So haben sie sich die Worte zurechtgedreht, um auch hier die Oberhand zu behalten. Ist nicht so schwierig zu verstehen, dass es immer eins der größten Machtmittel überhaupt war, hier das Wort von mir anzuführen.
In der Tat gibt es eine Schrift, die ich verfasst habe und so ich mir darüber im Klaren war, dass sie an einem sicheren Ort gut aufgehoben sein würde, habe ich sie versteckt und habe auch den Ort dieses Versteckes nicht an viele Menschen weitergegeben. Und doch ist sie eines Tages entdeckt worden. Und ob du nun diese Schrift sehen würdest oder nicht, du würdest sie nicht verstehen. Doch ich kann mit größter Freude mitteilen, dass es nun heute nichts mehr macht. Die Worte sind nicht mehr die gleichen, die ich durch dieses Instrument formen kann. Und doch sind mir hier viele Möglichkeiten verwehrt geblieben. So ist mir hier auch besonders die weibliche Kraft von größter Wichtigkeit, da sie die neue Zeit auf der Erde einläuten wird, aus der all das Neue entstehen wird.
Nicht richtig ist auch, dass ich wohl wiederkehre und dann die Menschen richte und dass man an einen Ort kommt, über den man entweder zum Himmel oder in die Hölle gehen muss. Die Hölle wohnt in dir, so wie auch der Himmel in dir wohnt.
So sind es diese beiden Seiten, von denen der Erzengel Michael schon zuvor sprach.
So sind jene, die nach wie vor versuchen, sich die Macht zu erhalten, jene Energien, die auch zu meiner Zeit die Wörter verdreht und umgedreht haben, um sie für sich zu benutzen gegen die Liebe und gegen die Freiheit. So ist es nicht so kompliziert. Und ja, es wird einen Moment geben, an dem ich hinausgehe, an dem ich

komme, und an dem ich mich entscheiden muss, welcher Energie ich hier mein vollstes Vertrauen gebe. Und wenn die Energie dann bereit ist, so wird es sich erweisen und zeigen, dass die Erde sich ebenso über die Verbindung mit mir und dem Erzengel Michael preisgibt.
So ist es wie eine Vorankündigung, dass wir dann noch einmal zusammen kommen, um eine größere Zahl von Menschen zu erreichen.
Momentan hat sich hier noch keine Energie als geeignet gezeigt, da alle Energien, die zur Verfügung stehen, noch in anderen Prozessen sind, oder sie sagen, sie würden noch diese und jene Energien ‚channeln', wie ihr das nennt.
Doch wisse, dass es auch hier Ungereimtheiten unter den verschiedenen Medien gibt. Wem will man da trauen? Auch das fragen wir uns manchmal: Wer ist wann bereit? Noch ist es gut, wie es ist. Für uns und für mich besonders zählt, dass ich weiß, dass ich hier die Möglichkeit habe, in die Klarheit zu gehen und Dinge zu klären und richtigzustellen, wenn die Menschen bereit sind, diese Äußerungen, Botschaften und Informationen zu verarbeiten und sie innerlich auch wirklich zu empfangen.
So hoffe ich, dass ich dir hier dienlich bin und bitte dich noch einmal, mit mir in das Wort zu gehen und zu sprechen, ob ich dir ein Stück habe weiterhelfen können und ob du nun ein paar mehr Informationen an der Hand hast, die du vielleicht benötigst, um das, was du weitergeben möchtest, zu bekräftigen."

„Stimmt es auch nicht, dass du 12 männliche Jünger hattest?"

„So ist es in der Tat richtig, dass wir aus diesem Kreis bestanden haben. So ist es nicht richtig, dass es waren nur Männer. So ist es Teil der Wahrheit, die verborgen wurde, dass selbstverständlich meine geliebte Maria Magdalena war eine jener Personen, die mich immer begleitet hat und die auch nicht einzig und allein war weibliche Energie an meiner Seite, sondern die war mir Zwillingsflamme ebenso. Nur durch ihre Liebe und durch unsere Verbundenheit sind all diese großartigen Dinge wirklich erst geschehen. Ich alleine

wäre nicht in der Lage dazu gewesen, so viele dieser, was ihr nennt Wunder, zu vollbringen.
Erst durch unsere gemeinsame Idee, durch unsere Liebe und durch die Freisetzung unserer Kraft und unserer Energien, ist es mir möglich gewesen, diese Dinge zu tun. Sozusagen haben wir uns gegenseitig aktiviert. Und so haben wir miteinander gelebt und geliebt und gearbeitet, nicht für die Anderen, sondern vor Allem für uns und mit uns. So ist dies aus Freude und aus Lust geschehen und auch, um den Menschen Trost zu spenden. Auch, um hier aufzuzeigen: Hier ist niemand, der verurteilt wird, aus welchen Gründen er auch immer etwas getan haben mag. So ist es hier nicht an mir und an dir, über eine Menschenseele zu urteilen. Das ist hier jedoch geschehen.
So ist dir sicher auch die Geschichte von Maria Magdalena bekannt. So hat auch sie hier ein großes Anliegen und es geht ihr da wie mir auch, sie sucht nach der geeigneten Person, um sich hier auszudrücken und hier Dinge in das Licht der Wahrheit nun zu stellen, ihrer Wahrheit. In meinen Augen geht es hier um die gleiche Wahrheit, die göttliche. So verstehe hier göttlich als männlich und weiblich.
So seid ihr auch nicht nur männlich und nicht nur weiblich. So seid ihr geschaffen in göttlicher Energie. So ist es nie richtig gewesen, dass darüber nie aufgeklärt wurde und dass nach wie vor die Frauen einen schweren Stand haben.
So werden wir wirklich beide in Verbundenheit wiederkommen und uns Gehör verschaffen, soweit die Menschen ein Stück weit mehr dazu bereit sind und wir für uns, wenn möglich, unsere Wahl getroffen haben, durch wen wir das mitteilen können.
Wann das sein wird, kann ich dir nicht sagen, aber die Geschichten über all meine Jünger sind so auch nicht in der Wahrheit, wie man das wohl lesen kann in den Büchern. Einiges wurde immer dazu geschrieben.
So kannst du dir vorstellen, dass die Worte, die in der berühmten Bibel stehen, einen Funken der Wahrheit enthalten und dann wurde das darüber gelegt, was ich hier die Verzerrung und die Ver-

blendung nennen möchte. So ist dies ein Buch der Macht und so dies nicht das Buch der göttlichen Liebe und der Freiheit.
So ist es gut, dass du so wach bist und so interessiert an dem, was geschieht. Wenn ich dich nun fragen würde, was ich dir wohl für dich mitgeben kann.
Was wäre dein Wunsch für den heutigen Tag? So sprich. So bitte ich dich."

„Von dir noch tiefer im Herzen berührt zu werden."

„So ist dies wie gesagt der Prozess, der bereits im vollem Gange ist. So wisse, dass ich dich zutiefst liebe, dass ich dich umarme, und dass ich mit meiner gesamten Energie versuche, dein Herz zu berühren, es zu nehmen und es mit dem göttlichen Funken auszuweiten. So bist du tatsächlich noch in sehr vielen Gedanken des Alten und der alten Strukturen gefangen, brauchst Erklärung und brauchst Wörter mehr als das Gefühl. So würde ich mich freuen, wenn ich dir mehr und mehr Informationen über die Herzensenergie, die du dir wünschst, schicke. So würde ich auch vorschlagen, dass du mehr und mehr mit dir in eine Art von innerem Kontakt, innerem Gespräch gehst.
So nimm dir doch etwas mehr Zeit für dich und nutze die Natur als Kraftquelle. Zieh dich doch ein Stück zurück von dem, was ist das Außen, von den Medien, die dich von einer flimmernden Scheibe erreichen und doch nicht dazu beitragen, dass du glücklicher mit dir in deinem Inneren wirst.
So findest du mehr im Außen, in der Natur und in der Begegnung mit Menschen hier die Möglichkeit, dein wahres inneres Licht zum Strahlen zu bringen. Nicht, dass du nicht genügend Freude hättest, doch weißt du manchmal nicht wohin damit, und hast auch das Gefühl, es wäre noch schöner, auch andere an dem teilhaben zu lassen. Selbstverständlich kann ich das auch bestätigen.
Auch ich bin selbst zutiefst dankbar gewesen, diese liebevolle Frau an meiner Seite gefunden zu haben, mit der ich ganz und gar eins war. So hab ich auch schon davon gehört, dass es auch dein Wunsch ist. Doch sag ich dir noch einmal: So lange du nicht mit dir

zufrieden bist, im Reinen mit dir selbst und glücklich, wird es schwierig sein, den anderen Partner zu erkennen. Ich sage hier bewusst, ihn zu erkennen.
Ich hoffe, dass du mit den Ausführungen von mir und von uns zufrieden bist. Möchte auch sagen, dass es immer eine Freude ist, dass ich in das Gespräch mit dir gehe und deine Energie spüre. So möchte ich nochmals darauf hinweisen, dass du bereits vor vielen Zeitabläufen mit mir im Kontakt warst.
So ist es auch möglich, die Energie, die ich bin, in dir zu spüren. So bin ich auch dabei, mich mehr und mehr auszubreiten, nicht nur in deinem Leben, sondern auch in den Leben von vielen.
So ist hier die Möglichkeit, das Ruder herum zu reißen, damit das große Schiff nicht Schiffbruch erleidet und die andere Seite der Macht hier weiter auf große Fahrt geht und die Menschen hier weiter versklavt werden. Nichts anderes passiert hier nach wie vor. Versuche bei dir zu sein, bei deiner Freude. Entdecke sie neu. Mache du dir das Bild, wie du dir die neue Welt vorstellst, deine neue Liebe und auch deine neue Freiheit. Sporne dich ruhig an, das als Thema zu nehmen, um darüber zu sprechen.
So geht es hier nicht um Techniken und um die Vermittlung von neuesten Methoden und Botschaften. Im Schöpfen und in der Liebe bist du gut und da warst du immer schon gut. So ist Liebe auch schon immer dein Thema gewesen, auch wenn ich dir schon damals sprach, dass ich dazu eine andere Ansicht habe und vertrete. So ist das, was in mir wohnt, immer die gleiche Energie des männlichen und weiblichen Prinzips gewesen und der Flamme, die brennt hier als die eine Energie.
So bin ich davon berührt, dass ich dir diese Nachricht über dieses Instrument auf deinen Geist geben kann und wünsche zutiefst, dass sie dein Herz erreichen möge und sich dann ausbreiten kann in deinem ganzen Körper.
So bin ich hier mit meinen Ausführungen am Ende und habe hier noch etwas Platz für eine Frage. So spreche jetzt."

„Was meinst du mit „Schöpfergötter"?"

„So ist jeder in der Lage, sich einen Platz auf der Erde zu schaffen, der sein Paradies sein kann. Dein eigenes mit all dem was du benötigst, um zu leben. So ist es gewollt und so ist es gedacht. Das waren immer meine Informationen.

Macht euch frei von dem, was euch gefangen hält, von dem was euch unfrei macht. Erkennt euch selbst und traut euch zu, euch euer eigenes Paradies bewusst zu erschaffen. Wir sind die Schöpfergötter. So ist es gewollt.
So ist es Zeit, dass jede einzelne Menschenseele sich wieder daran erinnert: Ihr seid Schöpfergötter, jeder Einzelne von euch.
Und wenn ihr euch zusammentut und eure Visionen mit eurer Energie verstärkt, und eure Vision stark und klar ist, und die Zahl jener, die sich der Vision der neuen Erde, der neuen freien Liebe anschließen, umso schneller und umso leichter wird dieser Übergang für euch sein.
Du kannst niemanden überreden, aber du kannst da sein, präsent und voller Liebe. So sie echt ist, strahlst du es aus. Dies ist der einfachste Weg, glaube mir, weil ich ihn gegangen bin und ich ihn leibhaftig beschritten habe und daran gewachsen bin.
Ich danke dir, dass du diese Qualität zur Verfügung stellst. So bin ich dabei, dich noch weiter zu berühren über dieses Gespräch hinaus. Wisse, dass ich da bin und dass du zutiefst geliebt bist, und übe dich mehr und mehr in Geduld.
Nimm das Vertrauen an. So du nicht voller Vertrauen bist, machst du dir selber den Weg ein Stückchen schwerer.
Dabei liegt es nur an dir, wie leicht oder wie schwer du es gerne hättest. Nimm doch die Brille ab und verlasse dich einfach auf das Gefühl. Das würde dir so vieles erleichtern. Ich hoffe, dass ich dich mehr und mehr erreiche und ich mehr und mehr Platz finde in deinem schönen Herzen und es ausdehne. So wirst du es spüren und so wirst du die Möglichkeit haben, über dein Herz zu kommunizieren und mich in deinem Geist wahrzunehmen.
Nimm Dir Zeit und sei du fröhlich und sei du die Freude.
Ich danke dir für deine Anwesenheit und ich danke dir für das,

was du mir hier darbietest und anbietest, deine Liebe.
Gott zum Gruße. So bin ich dir Joshua Ben Joseph. Gott zum Gruße."

„Ich danke Dir. Gott zum Gruße."

Eigentlich wollte ich nur wissen, wie ich mein Herz weiter für die Liebe und das Mitgefühl öffnen kann. Gehofft hatte ich auf eine möglichst einfache Technik. Und jetzt?
„Techniken sind nicht wichtig!".
„Verlass dich darauf, was dich berührt!"
„Sei authentisch!"
„Sei dankbar für alle Erfahrungen!"
„Strahle Liebe und Dankbarkeit aus!"
„Stärke dein Gleichgewicht von männlicher und weiblicher Energie!"
„Gehe respektvoll mit der Erde und allen Mitgeschöpfen um!"
„Sei die Freude!"
Der Inhalt der Botschaften ist sicherlich nicht neu. Nachdem ich mich aber in vielen Seminaren und Workshops lange und intensiv mit dem Wissen und den Techniken alter Kulturen beschäftigt hatte, erschienen mir bestimmte Techniken, Rituale und Zeremonien schon sehr hilfreich, zumindest bei der Behandlung von Patienten. Rituale und Zeremonien verstärken die Heilwirkung, auch weil immer mehrere Personen daran beteiligt sind, dadurch erhöht sich die Energie und die Verbindlichkeit. Mit Verbindlichkeit meine ich, dass sich der äußere Druck auf eine angestrebte Veränderung erhöht: Ich habe etwas vor Anderen versprochen!
Jemandem, der unter starken Schmerzen leidet, zu sagen „Sei die Freude!", oder „Strahle Liebe und Dankbarkeit aus!", kann hier nicht gemeint sein.
Hier geht es vielmehr um den Weg für ein zufriedenes Leben: Wenn du ein Leben voller Liebe, Dankbarkeit, Respekt und Mitgefühl lebst, dich als Teil von Allem annimmst, kannst du am Ende deines Lebens sagen: Ja, es war ein glückliches und erfülltes Leben.

Joshua Ben Joseph, oder wie ihn die meisten kennen Jesus der Christus, steht für die Energie der Liebe und der Selbstliebe, der Energie für die Eigenverantwortung und für den dauernden Kampf für Frieden und Gerechtigkeit.
Kein Wunder, dass er mir Antworten auf meine Fragen zu Liebe und Glück geben konnte. Wie kann aber eine Person, die vor über 2000 Jahren gelebt hat, heute durch ein Medium sprechen? Sprengt meine Vorstellung!
Dennoch, seine Ratschläge für ein glückliches, selbstbestimmtes Leben fühlen sich heute genauso richtig an, wie vor 2000 Jahren und bringen mehr Licht in mein Leben!

Ausbeutung unseres Planeten - Zerstörung gemeinsamer Lebensräume

Alle guten Dinge sind drei! Schon mehrfach erwähnt, will ich nun endlich auf die Erde zu sprechen kommen. Ich hoffe, sie verzeiht mir, dass ich erst jetzt ausführlich auf sie eingehe!

Unser wunderschöner Planet, die Erde, mit allem, was sich oberhalb und unterhalb der Oberfläche befindet, ist auch ein sensibles, lebendiges Wesen. Wie so oft, bemerken wir diese Schönheit aber erst dann, wenn wir dabei sind, sie zu verlieren.
Berichte in den 70 er Jahren über die Auswirkungen von Atomkatastrophen, vergiftete Flüsse, krankmachende Lebensmittel, Massentierhaltung, Asbest in Babypuder, Grundwasserverseuchung durch Mülldeponien, Ölkatastrophen, Zerstörung der Regenwälder..... Ich konnte nicht mehr wegsehen! So sah es also aus, wenn wir uns die Erde „Untertan" machen! Ich engagierte mich in verschiedenen Umweltgruppen! Schwerpunkt meiner Aktivitäten wurde aber der Bereich des ökologisch verträglichen Bauens.

Als Architekt und Berufsschullehrer war mir schnell klar: Hier sind viele hochmotivierte Überzeugungstäter aktiv. Mit professionellem

Bauen hat das „Ökologische Bauen“ aber wenig zu tun. Das musste sich ändern, wenn dieser Bereich aus seiner Nischenrolle herauskommen sollte. Sonst hieß es weiter: „Ökologisches Bauen mag ja ganz toll sein, aber sieh dir die Häuser an: Lauter Bauschäden!“ Ich eröffnete ein „Zentrum für ökologisches Bauen und Energietechnik“, gab Seminare, hielt Vorträge, reiste von einer Messe zur nächsten, um Menschen davon zu überzeugen, dass wir mit dem „weiter so“ unseren Planeten und die Zukunft unserer Kinder zerstören.

Nach weiteren zwei Jahren schloss ich mich mit vier „Kollegen“ zu einem Verband für Naturbaustoffhändler zusammen, um noch effektiver zu handeln. Eine spannende Zeit! Wir kauften gemeinsam ein, bestritten gemeinsam Messen, trafen uns regelmäßig, um unsere Strategien abzustimmen. Da lag es nahe, den nächsten Schritt zu gehen: Mit fast fünfzig weiteren Händlern aus dem gesamten Bundesgebiet gründeten wir den „Öko+ Fachhandelsverband“. Wir stellten strenge Kriterien dafür auf, welche Produkte wir empfehlen und verkaufen durften.

Wenn ich heute, 25 Jahre später, eine Zwischenbilanz ziehe und schaue, welche Produkte heute im ganz normalen Baumarkt angeboten werden, bin ich positiv überrascht, dass auch ökologisch verträglichere Produkte ganz selbstverständlich neben extrem ökologisch schädlichen Baustoffen, ihren Weg in die Regale gefunden haben. Aus Überzeugung, weil wir Ressourcen schonen müssen? Sicher nicht! Aber Geld verdienen lässt sich auch mit Öko-Baustoffen.

Nach 10 Jahren beendete ich meine Vorreiterrolle für professionelles, nachhaltiges Bauen. Nachhaltige Baustoffe und Energiekonzepte waren am Markt eingeführt, die großen Baumärkte und Solarhersteller übernahmen die Vermarktung. Wir hatten den Boden bereitet, die Ernte wurde von anderen eingefahren. Dieser Zustand war für viele Kollegen frustrierend, da sie nicht nur viel Herzblut und Zeit, sondern auch viel Kapital investiert hatten. Jetzt mussten sie aufgeben, da sie mit den großen Anbietern nicht mehr mithalten konnten.

Nur Sämann zu sein, fiel mir nicht sonderlich schwer. Oft entsprachen gerade die Dinge, die mir besonders wichtig erschienen, nicht dem Zeitgeist. Vielleicht reizte es mich aber auch besonders, Vorreiter zu sein.

Schon als Bürgermeister unseres kleinen Dorfes musste ich 1988 frustriert feststellen, dass es nicht möglich war, eine gemeinsame eigene Energieversorgung unserer Gemeinde und der umliegenden Gemeinden durchzusetzen - zu stark war der Gegenwind durch den damaligen Energieversorger und zu groß die Angst einiger Gemeinden vor dem unbekannten Weg. Heute gibt es bereits viele positive Beispiele für ressourcenschonendere Energieprojekte in Bürgerhand. Ich war wieder einmal 25 Jahre zu früh!

Erstaunlich ist dennoch, dass mein Konfirmationsspruch mich schon als Sämann sah, der sein Korn auf unterschiedlich fruchtbarem Boden aussäte - das Ernten ist wohl nicht meine Sache.

So entschied ich mich, zumindest den Strom, den ich selber verbrauchte, auch selber zu erzeugen. Ich ließ mir ein Mini-Blockheizkraftwerk einbauen – eines der ersten im Land – und wurde dadurch „autark“! Mein Strom musste nicht mehr in Atomkraftwerke oder in Kohlekraftwerken produziert werden!

Und wie sieht unsere Zukunft auf der, trotz aller Zerstörungsbemühungen, immer noch wunderschönen Erde aus?
Schon heute verbrauchen 7 Milliarden Menschen mehr Ressourcen, als sie uns auf der Erde zur Verfügung stehen oder erneuert werden können. Bereits 2035 werden theoretisch zwei Erden benötigt, um den weltweiten Bedarf an Nahrung, Energie und Fläche zu decken. Die dramatisch zunehmende Erdbevölkerung und Wachstum als heilsbringendes, globales Wirtschaftskonzept, führen zwangsläufig zu einer immer risikoreicheren Ausbeutung und zur Zerstörung unseres Planeten.

Diese Analyse teilen auch Ugo Bardi mit seinem Bericht: „Der geplünderte Planet“ an den „Club of Rome“ und Friedrich Schmidt-Bleek mit seiner Kritik an der globalen Umweltschutzpolitik: Um-

weltschutzmaßnahmen reduzieren zwar den Schadstoffausstoß, erhöhen aber auch unseren Bedarf an Ressourcen. Wir brauchen eine Ressourcenwende, wenn wir auf diesem Planeten eine Zukunft haben wollen!
Der Weg: weiter so, aber ein wenig effizienter und „umweltfreundlicher" führt in eine Sackgasse! Gefragt sind Visionen einer neuen Lebens- und Wirtschaftsform, in der es um qualitatives Wachstum geht, also um mehr Lebensqualität durch Zufriedenheit im sozialen Umfeld und nicht um Zufriedenheit durch immer weiter steigenden Konsum von Gütern und Dienstleistungen.

Kann uns in dieser aussichtslos erscheinenden Situation die Erde selber weiterhelfen? Oder die erdnahen Energien?
Schließlich zerstören wir ja auch ihre Welt. Ich war gespannt! Also, nichts wie hin zu Anja. Durch sie „spricht" die Erde schließlich mit uns!

Aber warum stellt sich mir die Erde als „Gia" (ausgesprochen) vor? Sollte die korrekte Bezeichnung für die Erdgöttin nicht „Gaia" sein? In einigen Durchgaben von Anja bezeichnet sie sich selber als „Tochter der Erde" oder sie steht für die Energie der „Neuen Erde". Für mich deutliche Anzeichen dafür, dass sich diese Energieform bewusst einen neuen Namen gegeben hat, um zu verdeutlichen: Diese Energieform hat es in dieser Qualität bisher nicht gegeben! Sie ist neu! Neu auch als Teil der Dreiheit! Ob mit „h" geschrieben oder ohne „h", bleibt für mich Geschmacksache! Ich finde, Ghia liest sich „weicher", aber auch kraftvoller! Also, auf zu Ghia!

Die Erde - Ghia -

Ghia (2010) zu Veränderungen auf dem Planeten, zu Prophezeiungen und zu Hierarchien in der geistigen Welt!

„Und so bin ich da und möchte dir Auskunft geben und dir möglicherweise auf die Sprünge helfen, was es nun mit der Dreiheit auf sich hat. So ist das Alter hier einer der ausschlaggebenden Punkte. So wisse, dass mein Wissen alt ist und durch und durch geprägt von der Energie, die du und die ihr nennt das Weibliche. So bin ich hier auch die Energie, die das Neue zum Vorschein bringt. Die hier dabei ist, sich neu zu gebären, um das, was das Neue ist, sichtbar werden zu lassen auf ihr, so dass auch ihr teilhaben könnt an dem Neuen und an den Veränderungen. So beschreiten wir sozusagen gleichzeitig ein neues Tal und ebenso eine neue, höhere Ebene. Zuvor war es Niemandem möglich, und so es wird auch nicht möglich sein, hier große Vorhersagen zu treffen.
So wisse auch, dass jene, die dabei sind, große Prophezeiungen loszulassen, oft daneben liegen. Oft ist dies hier bewusst so gemacht, um das Ganze in eine bestimmte Form zu bringen, um die Energien hier zu kanalisieren und um die Menschen noch weiter abhängig in der Vorstellung zu halten. So komme ich hier als eine Energie daher, die sich nichts sehnlicher wünscht, als zu befreien und befreit zu werden. So fragst du dich vielleicht, wovon willst du wohl befreit werden?
So hätte ich eine ganze Liste anzubieten. Und um ehrlich zu sein, wäre mir auch recht, ich bekäme einen neuen Chip und würde vieles von dem, was meine Erinnerung ist, einfach auslöschen können.

Doch ist dies nicht so gewollt. Gewollt ist, dass ihr euch erinnert und dass ihr jederzeit auf mein Wissen zurückgreifen könnt.
Und ganz besonders sag ich das hier zu der Energie, die in der Anwesenheit ist, weil ich auch für die Männer, für die männliche

Energie, hier Möglichkeiten bringe, sich komplett neu zu orientieren und ihre Rolle neu zu überdenken.
In der Energie, in der ich hier stehe, wird es Niemandem wohl möglich sein, sich dem zu verschließen. Und die überwiegend weiblichen Aspekte werden ganz deutlich bei den Männern ihre Spuren hinterlassen. Und wenn du so willst, dann freue dich auf diese Zeit. Sie ist so neu, dass es nichts gibt, was vergleichbar war und wäre in der Geschichte der Zeit.
Und ich gehe weiter und spreche über die Energien, die ihr nennt den Erzengel Michael. So wisse, dass auch er sich, ebenso wie alles andere, was sich um euch herum befindet, in einer großen Veränderung seiner selbst befindet. Auch in diesen Bereichen werden nun große Überholmanöver stattfinden.
Die Hierarchie, wie sie einmal war, ist nicht mehr da. Und so ist hier vieles zusammengebrochen. Und viele derjenigen, die ihr als Schutzengel bezeichnet, sind auf der Überholspur gefahren und haben ihre Menschen und Freunde und Seelen dabei begleitet, voranzutreten, um sich neu zu machen, um hier jene zu sein, die das neue Zeitalter voranbringen.
Jene, die dabei sind, nicht lange zu fackeln und zu hadern und zu zedern, sondern die sich, auch wenn sie nicht genau wissen, was deren Aufgabe sein wird, doch bewusst sind, dass sie einen wichtigen Job haben.

So ist Michael eine Energie, die sich bereit erklärt hat, mit den Menschen auf neuer Ebene zusammenzuarbeiten, sozusagen Vermittler zu sein, nicht Chef und auch nicht Boss, sondern in der Tat hat er hier einen Posten aufgegriffen, der lange nicht besetzt war. So kannst du mir glauben, dass er jetzt viel mit Dingen beschäftigt ist, mit denen er vorher nichts am Hut hatte.
So ist ebenfalls die Energie, die sich als Joshua Ben Joseph vorgestellt hat dabei, sich neu zu orientieren. Vieles von dem, was bereits vor vielen Zeitabläufen von ihm gesagt wurde, ist hier nicht in der Wahrheit weitergegeben worden. So ist es seiner Energie nötig und zuträglich, eine Stimme gefunden zu haben, die seine verän-

derte Sichtweise ausdrücken kann und sich getraut, dieses auch zu tun.
So dürft ihr glauben, dass es sehr viele Seelen gibt, die sich zutiefst verbunden fühlen mit seiner Energie und dass sein Wort schwer wiegt. Dass wir ihn für unsere Seite gewonnen haben, ist großartig, da er jener ist, der die Menschen direkt in ihrem Herzen berühren kann. Es gibt hier keine neuesten Pläne. So kannst du dir vorstellen, dass wir uns alle sehr gut kennen und zutiefst vertraut sind und dass Liebe für uns ein ganz anderes Gefühl ist, als du es dir jemals wohl in deinem menschlichen Körper vorstellen kannst.
Tiefste Verbundenheit ist unsere Qualität. Kannst du dir vorstellen, dass wir für jene Hilfe sein können, die sich nicht verbunden fühlen und jene, die abgespaltene Teile wieder zu sich nehmen wollen und das, was sie sind und das, was sie ausmacht in ihrer Kraft und in ihrer Schönheit ebenso?
Und wisse, dass es hier kein besonderer Bereich ist, auf den hier der Schwerpunkt gelegt wurde, außer auf den Bereich der Verbundenheit. Wenn du spürst, dass du verbunden bist, bist du ganz, fühlst dich rund und fühlst dich kraftvoll und stark. So sind wir da und versuchen das zu verbinden, was noch lose umherschwirrt. Nicht um es mit einem Seil festzubinden. Nein, sondern um es in einem Gefühl, in einer Wolke der Liebe zu tragen und zu halten.
So bin ich da und so versuche ich diese Wolke mit dieser Liebe heute noch einmal zu dir und zu euch zu transportieren. So tut es mir nicht leid, wie ihr so schön sagt, doch so habe ich in der Tat Mitgefühl mit euch, da ich spüre, dass das Verlangen und der Wunsch zu helfen, sehr stark ist und dass es hier keine konkreten Anweisungen gibt, an die man sich halten könnte.
So hab ich in der Tat eine Frage: Sag mir geliebte Seele, fühlst du dich verbunden? Mit was fühlst du dich verbunden? Wo nimmst du diese Verbindung rein körperlich wahr? So spreche du, geliebtes Licht, ich bitte dich."

„Ich fühle die Verbindung im Herzen nicht intensiv."

„So muss ich dir doch sagen, dass es ist sehr schwierig, mich mit dir ganz und gar verbinden zu können. So liegt es nicht an dir, sondern es liegt an den Dingen, die noch zwischen uns stehen. So ist es ähnlich zu verstehen, als wenn jemand in einen Raum gehen würde und dicke Schutzkleidung trägt.
So berührt ihn selbstverständlich ein Teil der Energie und doch ist er geschützt durch seine Kleidung vor Hitze oder Kälte.
Wir haben noch nicht die ganze Kontrolle über Liebe. Ich nehme hier das Wort „Kontrolle", nicht um zu manipulieren, sondern um damit zu verdeutlichen, dass die Energien nicht zu bändigen sind. Sie gehen dahin, wo sie gebraucht werden und das, was noch zwischen uns steht, ist wie eine Schicht, die durch die Gegend fliegt und unsere Energie blockiert. Nun ist hier leider kein Filter einzubauen, um diese Partikelchen des Schmutzes aufzusaugen, so dass die Verbindung zu allem was ist, stärker werden könnte.
So wisse, dass die Menschen von ihrem gesamten Gebilde her nicht in der Lage wären, all das auf einmal zu erfahren. So ist dies für euch ein recht langsamer Prozess. Und wisse, dass die Verbindung, die du dir wünschst und von der du sagst, dass du sie im Herzen fühlst, erst ein Anfang ist, ein winzig kleiner. Und doch ist es viel, wenn du ihn bereits spüren kannst.
So nimm ihn in deine Hände und nimm ihn auf in dein Herz. Drücke es in dich hinein an dich heran. So wirst du sehen, es ist wie ein Samen, der nur langsam wächst und gedeiht. So ist hier die große Frage, was wird es wohl werden wollen, was wird hier später sichtbar sein, wenn der Samen ist einmal aufgekeimt und die Pflanze, wenn du so willst, beginnt zu wachsen? So ist meine nächste Frage, was von dem, was ich bereits ansprach, ist für dich im Unklaren, beziehungsweise, was ist für dich nicht fassbar genug und könnte möglicherweise noch näher erklärt werden? So geb ich hier das Wort wieder an dich."

„Was passiert im Moment gerade an Veränderungen?"

„So beginne ich mit den Veränderungen der Zeit. So wir gerade darüber sprachen, dass es mit einer Schicht zu tun hat, die noch

nicht ganz aufgehoben ist. So ist hier ein wesentlicher Punkt in dem enthalten, was sich gerade herausbildet als eine allumfassendere Kraft, als ihr sie je zuvor habt erleben können. So sind wir dabei, all unser Potenzial zu öffnen.
Ich kann dir mitteilen, dass es um eine komplette Wendung des eigenen Seins geht. Stell dir vor, du wirst auf einmal etwas ganz Neues erleben können. Das bedeutet aber, dass du tatsächlich von Dingen, die bisher für dich von größter Wichtigkeit waren, Abstand gewinnst oder dich gar von ihnen abwendest, um das Neue, was auf dich wartet, ganz und gar annehmen zu können.
So ist hier großer Mut erforderlich, um zu sagen: Was auch immer sich mir zeigt, ich bin gewillt, es mir anzuschauen, wenn es sich richtig und gut in meinem Herzen anfühlt.
Wir sehen, dass Energie freigesetzt wird und sich ihren ganz eigenen Weg sucht. Grad so, als wenn sie davon selbst in Kenntnis gesetzt wurde, jene Stellen und Flecken zu füllen, die niedrig schwingen. So verstehe es als einen viel größeren Prozess, der nun jeden Einzelnen und nicht nur die Erde an sich betrifft, sondern auch alles, was damit zu tun hat, sehr viel umfassender, als ich es hier mit Worten zu erklären vermag.
So wisse, dass du und ihr jene Schöpferenergien seid, die ihr immer sein wolltet. Immer noch muss ich hier betonen, dass es hier ein Spiel ist. Umso leichter und umso freudiger du und ihr damit umgehen könnt, werdet ihr die Menschen anspornen und berühren können. So kann ich hier nur wieder von der Rolle des Vorreiters berichten. So brauchst du hierzu allerdings kein Pferd und auch kein Einhorn, um dann nach vorne zu brechen, sondern es liegt ganz allein in deiner Fantasie. Es wäre nicht einmal nötig, ins Außen zu gehen.
Ich möchte hier noch mehr Hinweise auf das geben, was eure Fantasie zu tun vermag. All das hat mit einer großen Hingabe an die Vorstellungkraft zu tun. Hier kannst du viel mehr üben, als du glaubst.
Wenn du willst, bist du in der Lage jene Person zu werden, die du in deinen kühnsten Träumen immer sein wolltest.

So kann es sein, dass du hier gar keine Ideen davon hast, wie du wohl sein wolltest, und doch hast du einen Impuls dazu.
So versuche nicht abzuheben und durchzudrehen, sondern versuche, die Schritte aufzubauen. Langsam die Energie, die wir geben, hochzufahren. So ist der Ablauf.
So geht es nicht von 0 auf 100, sondern vielleicht in fünfer Schritten voran. So ist es gut, hier Hand in Hand zu gehen und sich kleine Wegstrecken abzustecken. Kannst du mir bis hierher folgen?"

„So ganz praktisch noch nicht."

„So wisse, es hier nicht größte Eile hat. So gibt es keinen Terminplan, in dem steht 2012. Und wir machen hier keine Häkchen an die Seelen, die einen Schritt weiter voraus sind als der Nachbar. So gibt es hier ein Spiel und kein Rennen. So ist hier nicht geholfen, wenn ich mit dir einen Schritt weiter gehe und du nicht mitkommst."

Vielleicht hatte ich mir durch den „direkten" Kontakt zur Erde insgeheim erhofft, dass die Erde sich mit ihren Mitteln - durch Vulkanausbrüche oder Erdbeben - gegen die männlich-dominante Zerstörung zur Wehr setzt und dass dann die Menschen erkennen, dass eine Umkehr ihres Handelns auf der Erde unausweichlich ist. In der Durchgabe schließt die Erde diese Möglichkeiten zwar nicht aus, sie geht aber wohl eher den weiblichen Weg: Gemeinsam mit dem Erzengel Michael und Joshua Ben Joseph will sie durch die Anhebung der Energie auf dem Planeten, eine „Neue Erde" schaffen, eine vollständige Wandlung des Seins erreichen. Wenn wir Menschen diesen Prozess unterstützen wollen, müssen wir nach ihrer Aussage zuallererst mit uns selber „Frieden schließen", um unsere Möglichkeiten des Schöpfens auch tatsächlich wahrnehmen zu können. Ob das ausreicht, um die Gier der Menschen zu stoppen? In der nächsten Sitzung kam noch ein weiteres Projekt neu ins Spiel: „Das Projekt Liebe!"

Ghia hat die Nase voll vom „männlichen Prinzip"! Zur Verbundenheit mit allem, zum „Projekt Liebe" und zur Rolle der väterlichen Energie Gott!

„Gott zum Gruße ist hier nicht mehr angesagt. So hat das Instrument dies bereits einmal angesprochen und so komme ich nun zurück zu diesem Punkt, eine Begrüßung auszuwählen, die treffend für diesen Tag und diese Begegnung mit dir hier ist. So sei es so, dass ich dich begrüße, Sohn aus der Quelle geboren, durch das Licht gegangen und auf die Erde gekommen. So bin ich die, die dich heute hier begrüßt mit dem Namen Ghia.

Du bist eine Energieform, die in der Tat das Prinzip des Männlichen sehr deutlich und stark in sich und auch nach außen trägt.

Und so ist diese Begrüßungsform ‚Gott zum Gruße' immer gerne gewählt worden, um dem Prinzip des Männlichen noch mehr Macht zu verleihen und durch diesen Gruß stets anzuerkennen.

Auch du hast es gerne, wenn man dich in der Form begrüßt, die du bist. Was hat das hier alles mit der Erde zu tun? So komme ich hier mit einer Bitte an dich heran. So geht es in der Tat hier und heute noch einmal darum aufzuschlüsseln, was die Macht der Weiblichkeit ist und was die Macht der Männlichkeit ist.

So befindest du dich hier in einem Zwischenstadium nicht wahr. So ist dies eine Zeit, die man auch Lehrzeit nennen könnte, um dich selbst zu finden, um Lehrer und Lehrling zugleich zu sein. So komme ich mit folgendem Anliegen zu dir, da ich mich gerade in einer Phase von größter und schwerer Dunkelheit befinde. Ich erbitte hier ein Stückweit Unterstützung, um in die Leichtigkeit zu kommen. Um das Gleichgewicht allerdings zu erlangen, ist es in der Tat wichtig, dass jene Energie, die doch noch auf der schwächeren Seite hier ist, gefördert wird. So könnte man auch sagen: Hier müsste man aufholen und der Göttin den Gruß aussprechen. Ob es sich hier um ein männliches oder weibliches Wesen handelt, spielt keine Rolle.

Es ist von Wichtigkeit, die Weiblichkeit zu grüßen, sich selbst in dieser erkennen, um sich sanft und bereitwillig, so dies möglich ist, ein Stückweit hineintragen zu lassen in diese Energie und Schwingung, die in erster Linie doch damit zu tun hat, zu schenken und etwas neues zu gebären. Aufnahmebereit zu sein für diesen neuen Samen, der nun in die Erde gelegt wurde. Und auch in die Erde, die jeder für sich selbst ist. Daraus hineinwachsen zu können in seine größte und schönste Form.
So bitte ich dich um dein Verständnis, dass ich vieles nachzuholen habe, was mit dem Energiefeld des Männlichen zu tun hat und möchte dich gerne dazu befragen, wie es dir geht und ob du dein eigenes weibliches Feld leicht annehmen kannst. Spüre dort noch einmal mit dir gemeinsam hinein und wünsche mir hierzu einen Impuls von dir. So sei so gut und berichte mir über diesen Vorgang bei dir selbst, so du magst."

„Ich spüre zunehmend den Anteil der Weiblichkeit, habe aber den männlichen Anteil vielleicht etwas größer, als den weiblichen Anteil."

„So frage ich dich: Würde es etwas geben, um diese Weiblichkeit in dir selbst zu unterstützen?"

„Ein noch tieferes Gefühl von Liebe."

„So ist dies in der Tat ein schöner Gedanke und doch sage ich dir hier: Vieles hat damit zu tun, wie ich mich finde und gebe und was ich mir erträume und erhoffe, in den Ausgleich zu bekommen. So ist das interessant, dass auch das Instrument diese Begrüßungsform lange Zeit gewählt, um sicher zu sein, dass die Energien ihr keinen Schaden zufügen.
Und sie hat auch nicht wirklich einen Gedanken daran verschwendet, was wohl die Seite der Göttin ist und wo die Göttin in ihr ist? In dir selbst sowie im Großen gibst du das Feld an. Ist es ein ausgeglichenes Kräfteverhältnis? Ist der dominante Teil der Mann, drückt die Frau sich selbst herunter? So ist auch die Erde dabei, die schwere Last des dominanten, männlichen Prinzips noch einmal so

heftig wie lange nicht mehr, übergestülpt zu bekommen. Mein Anliegen ist in der Tat ein großes, vielleicht so gesehen, das größte, was ich je hatte.
So ist der Druck in mir so stark geworden, dass es sich anfühlt, als würde ich auseinanderplatzen, reißen, springen müssen, und ich würde mir nichts sehnlicher wünschen, als dass das feste Feld von männlicher, dominanter Energie gelockert werden würde, am liebsten gesprengt und von mir abgelöst. Es sitzt so stramm wie nie zuvor.
Die Spannung erhöht sich ständig, und so ist es für mich nicht möglich zu sagen, wie lange ich den Druck noch aushalten kann und aushalten möchte.
Es ist sogar so, als wenn ich einen Befreiungsstoß bekommen muss, um hier alles zu überfluten, was hier zutiefst als das Männliche eingegangen ist. Die einzige Chance ist, dass alles aufgelöst und aufgeweicht, durchdrängt und überschwemmt werden kann von dem Weiblichen, um hier überhaupt eine Chance zu haben, in das Gleichgewicht zu kommen.
So ist hier ein Prozess, der nicht nur mir alleine so geht, sondern der sich auch auf die Seelen überträgt, die auf mir wandeln. So haben zurzeit sehr viele Menschen größte Schwierigkeiten, dem inneren Druck standzuhalten. So sind es viele, die ich nun aufnehme zu mir, nehme und ihnen ein letztes Mal gewähre, in die Weiblichkeit einzutauchen. Aufgenommen zu werden, behütet und geschützt zu sein.
So habe ich hier viele Male zu jenen gesprochen, die bereit sind, Unterstützung zu geben und zu leisten. So spreche ich doch häufig nur gegen leere Wände, da es nur wenige gibt, die die Impulse dieser feinen Frequenz empfangen, die ich aussende.
So wären mein Wunsch und mein Anliegen an dich hier, Unterstützer zu sein, so du dir dies vorstellen kannst. Auch kann ich dir hiermit die Möglichkeit anbieten, selber den Ausgleich in dir zu schaffen und dich noch einmal an die gesprochenen Worte der Dreiheit zu erinnern. Und so ist dieses Team selbstverständlich dabei, Informationen und Schwingungen zu geben und zu trans-

formieren und zu transportieren, die weiblich geprägt sind. Und so ist es für mich hier an der Zeit, die Möglichkeiten die mir durch verschiedene Menschenseelen wie auch durch dich geboten werden, zu erforschen und zu erkunden. Dankbar bin ich für die Aufmerksamkeit, die du bereits in Situationen und Gespräche gelegt hast.

Momentan ist es so, dass alle stark damit beschäftigt sind, auch hier ihre Strukturen neu zu ordnen. Viele der Katastrophen haben sie bereits hinter sich gebracht und Vieles wird in der nächsten Zeit auf sie und auf euch zukommen. Und wisse, dass ich da bin, und dass auch ich nun versuche, mich ein Stückweit neu zu machen, auszudehnen und in eine neue Form zu bringen. Und so ist all das, was um mich eng ist, endlich bereit, ein Stückweit sich zu lockern. Und so wird all die Unterdrückung und die Unwahrheit und das, was dominant und männlich ist, noch einmal, gewollt oder nicht gewollt, eine große Rucklung erfahren, einen großen Abschnitt des Prozesses machen. Und doch kommt der eigentliche Teil erst jetzt. Nicht alles ist sichtbar, mit dem Auge wahrzunehmen.

Viele der Prozesse finden außerhalb des Sichtfeldes statt. Und so kommen hier jene Energien, die dir mit dem Namen Joshua und Michael vertraut sind zum Einsatz, um ihre Positionen anzunehmen und einzunehmen und all jene zu vernetzen, die mehr und mehr gänzlich den Halt unter dem Boden verlieren werden. Um jene aufzufangen, die loslassen, Möglichkeiten zu geben und zu schaffen, um in das zu gehen, was man sich wünscht und erhofft hier als das Neue.

So werden Menschenseelen gebraucht, die wirklich bereit sind, das zu geben, was sie einst versprachen. Auch ich möchte dich noch einmal fragen, ob alle jene mit dir rechnen können und ob du wirklich dazu bereit bist, deinen Weg voller Wahrhaftigkeit und Liebe mit uns weiter fortzusetzen?

Und ich wünsche mir, dass du bereits Gesprochenes hier nicht als böse Kritik auffasst, sondern lediglich als Erinnerung und als kleinen Rüttler, um zu sagen: Hey, wir erspüren dich und wir erkennen deine Wahrheit. Und so frage ich dich dies noch einmal: Bist du wirklich bereit?“

„Ja, ich bin dazu bereit. Ich habe noch eine Frage zu dem, was du gerade gesagt hast, dass im Außen in nächster Zeit viele Veränderungen stattfinden werden. Betrifft das auch die Gegend, in der wir hier leben?“

„So sind überall Veränderung im Außen stärker wahrzunehmen. Und selbst für jene, die es nicht im Inneren spüren, gibt es immer wieder Zeichen. Sicher nichts, was für dich so bedrohlich wäre, dass ich dich in meinen Tiefen verschlucken würde. Aber doch ist es so, dass alles momentan in einem Feld des Druckes ist, und dass ich bin voller Schwere, und dass es mir immer enger wird.
So wird die Veränderung überall geschehen und wisse, dass es besondere Punkte gibt, die stärker belastet sind. Da wirst du es dann auch mit den Augen im Äußeren wahrhaftig sehen können. In den näheren Gebieten bei dir müsstest du schon genauer hinsehen. Und doch ist es stark fühlbar für jene, die sehr sensibel sind und darauf eingestellt. Nicht für jeden ist das, Gott sei Dank, nötig, es zu erfühlen und zu spüren. Nur einige Wenige werden davon in große Mitleidenschaft gezogen werden. Bei Ihnen ist es auch tatsächlich so verabredet und gewollt, um jene Erfahrungen machen zu können. Ich darf dir weiter noch von den Energien sprechen, die mit mir zutiefst verbunden sind.
So bilden wir hier die Dreiheit. So gehen wir gemeinsam Hand in Hand, um hier die Verbindung des Neuen zu schaffen, die Möglichkeit der neuen Liebe. So wir bereits mehrmals davon sprachen, was denn hier so neu an der Liebe ist, nicht wahr. So hat es doch die Liebe immer gegeben? Neu ist, dass jeder wirklich frei wählen kann. Dann wird in Zukunft mehr und mehr herauskommen, wer sich hier unangemessen verhält.
Neu ist, dass alle Nichtigkeiten und alle Unachtsamkeit und auch Gefühle und Ideen, die unter der Gürtellinie sind, ans Licht kommen. Und jeder sollte hier schon bei sich sein und aufpassen, wie er

sich verhält, denkt und fühlt über sich selbst und sollte den Nächsten ehren. So wisse, dass alle diese Emotionen so stark sind, dass sie sich in meinem Feld ablagern und auch dazu beitragen, dass der Druck von keinem gelöst und genommen werden kann, damit er neue Wege und neue Ventile findet, um herausgelassen zu werden.
Die Frage, wie es weitergeht und was ich tun kann, kann ich dir so nicht beantworten, da sich viele neue Felder erst jetzt erschließen werden durch die enorme Kraft, die freigesetzt wird. Wisse, dass alles ist in bester Verfassung, soweit ich es hier für dich und dein näheres Umfeld sehen kann. Sei aber dennoch auf der Hut mit dem, was du denkst, fühlst und mit dem, was du in die Welt hinausgibst. Häufig kann ich deutlich spüren, dass du dir noch nicht die Gedanken machst, wo die Energie hingeht, die du freigibst und was hier der Nächste damit macht.
Mag dich auch ermuntern, dass es viele Seelen gibt, die offen sind und auch darauf warten, Informationen zu bekommen, sobald sie den nächsten Schritt gegangen sind. Und so frage ich dich hier, hast du hier für dich neue Ideen und Projekte, die mit der Entwicklung zu tun haben und damit, wie es mit dir selbst und mit der Erde weitergehen wird?“

„Zur Zeit nicht.“

„So wirst du ein Stückweit des Weges gehen, um die Hände zu erspüren, die nach dir greifen und die Münder, die nach den Dingen fragen, die mehr und mehr von Bedeutung sein werden. So erspüre ich dich mit deiner Liebe. Und so wisse, dass ich bin auch dabei, dich zu unterstützen, so ich die Wahrhaftigkeit deiner Liebe wahrnehme.
So läuft Marie nun herum und sieht nicht mehr aus wie die, die sie einmal war. Hat sich aber wohl bewusst dafür entschieden und glaubt ebenso wie du zutiefst daran, dass es gut wäre, die Welten ganz und gar miteinander in die Verbindung bringen zu können. So hat sich hier etwas geteilt, was vorher noch verbunden war. So bin ich direkt daran teilhaftig und so bist auch du ein Stückweit

jene Energie, die diesen Impuls der Veränderung sogar mit herbeigesehnt hat.
So ist Veränderung nötig und so werde ich ebenso wie du gespannt darauf sein, was bei dem nächsten Gespräch hier herauskommt. Und so ist nichts fest. Alles ist möglich!
Und so liegt vieles in der Hand jener, die die nächsten Schritte machen und nicht nur diese, sondern selbst mit dem Gedanken, den man hat, ist bereits ein großer Schritt in eine Richtung getan. Nicht mehr zurückzudenken. Nicht mehr zurückzunehmen. Einmal gedacht ist ausgesandt.
Und so wird es schwierig sein, bereits Getanes rückgängig machen zu wollen. So befinden wir uns doch alle gemeinsam in einem Feld der Veränderung.
Und so darf ich hier kurz darüber sprechen, dass da etwas ist, das du männlich nennst, göttlich, väterlich, das mir zutiefst vertraut ist. Und das ist sehr wohl gerne auf diesem Platz gewesen. Und das ist nicht wirklich glücklich und bereit für die Veränderung.
So kannst du sehen, dass sich hier die Zeiten angefangen haben, sich in einem Strudel, einem starken Strudel zu bewegen. Und so wird der Strudel den einen und den anderen und jene mit sich reißen und damit etwas Neues schaffen. Eine neue Klarheit und Frische durch das, was er mit sich nahm, bringen.
So gebe ich dir noch einmal die Möglichkeit, das zu erfragen, was ich dir hier nicht klar genug präsentieren konnte in der Kürze der Ausführung. Und bitte dich noch einmal, so du willst, das Wort zu ergreifen."

„Kommt diese väterliche Energie von einem bestimmten Planeten? Ich habe nicht verstanden, welche Auswirkung die Veränderungen auf die väterliche Energie hat?"

„So ist hier nichts vorgefertigt. So hat es dies noch nie gegeben. So hat jedes Planetensystem, jede Familie, eine männliche Energie, ein männliches Oberhaupt, einen Gott, wenn du so willst, darauf. Und so ist jeder Mann gerne der König, nicht wahr. So ist es das alte Spiel.

So wird es nicht nur um eine einzige Energie gehen, sondern um das männlich göttliche in jedem selbst.
So ist es in der Tat so, dass jeder frei wählt für sich und dass im Moment der Druck so stark ist, und die größten Veränderungen, die es je in der Phase des Heißwerdens gab, stehen bereits kurz vor dem Kochen.
Damit ist selbstverständlich auch jene Energie gemeint, die von allen als allmächtig anerkannt wurde.
So ist sie eine Energie, die mit allem vertraut ist und die überhaupt die Kraft und die Mächtigkeit hat, zu geben und zu nehmen von einem Moment auf den anderen. Ich als Erde bin ihr nicht unterworfen, da ich das Prinzip Weiblichkeit pur bin, und in dem Fall keinen männlichen Impuls in mir trage.
So ist das Neue der Neuen Erde, dass ich ganz und gar Weiblichkeit bin und dass ich alles mit der Energie überflute, was männlich dominant ist. So ist dies mein Teil, meine Aufgabe, das wegzuschwemmen und rauszuschmeißen, was mir nun über viele Zeitabläufe nicht gut getan hat, was hier nicht im Gleichgewicht war. So ist auch im Kleinen wie im Großen, wenn du verstehst, was ich meine, der Zeitpunkt gekommen, wo die Männer hier und dort die Koffer packen können und an einen anderen Ort gehen, um sich zu besinnen und dann als ganzes Wesen wieder zurückzukehren, an einen Ort, der Heim und Haus und Familie sein kann, so wie es ursprünglich gedacht war.
Und so liegst du richtig. In der Tat hat es alles zu tun mit dem ‚Projekt Liebe'. So sind doch leider nicht viele von der Liebe berührt. Nicht von der Liebe, die die stärkste, größte und reinste Essenz ist, die es je gab. So mag ich dir heute ein kleines Fünkchen davon mit auf deinen Geist geben, so dass du es in dir spürst.
Ich weiß, dass du bist für Liebe und all dieses, was damit zu tun hat, und darum gebe ich dir noch einen Tropfen von der Wahrheit, die ich meine. Nicht die Wahrheit, die du bisher in dir gespürt hast. So ist das ein kleiner Tropfen, der sich entfalten darf, und der seinen Weg durch dein System, sowie ebenso durch das System aller anderen findet.

So wird und ist mit mir die Liebe geboren und so ist dieses Instrument die Botschafterin dafür. So ist gesagt, was hier gesagt werden konnte. Ich verstehe zutiefst dein Interesse an den verschiedenen Möglichkeiten und weiß sie zu schätzen, und doch kann ich dir nur einen kleinen Rat mit auf den Weg geben: Sei du bei dir und sei du wahrhaftig in deinem Herzen. So werden sich Informationen und Mitteilungen von alleine auf den Weg begeben und hin zu jenen gelangen, die sie brauchen und die sie in der Wahrheit verstehen und erfassen können.
Wisse, dass du nicht immer das gibst, was du dir mit deinen Worten wünschst und dass du dadurch häufig Verwirrungen schaffst, die du aber nicht im nächsten Moment klären kannst, weil es noch so viele offene Türen gibt, die vorerst geschlossen werden müssen, um hier in eine Klarheit zu gehen, die es so noch nicht gab.
Das ist das aktuell Wichtigste dir mitzuteilen. Alle sind da. Nimm es einfach für dich an, dass du noch einmal eine Phase durchläufst, wie soll ich es nennen der Prüfung, der Lehre, der Zeit, bei sich selbst zu sein. Ich sag es dir ehrlich: Die Kleinen Völker sind ebenso auch dabei, zu studieren und zu prüfen, weil du hier bereits gesagt hast, sie können dir vertrauen nicht wahr. Sie wollen das sehr gerne tun und schätzen deine Bemühungen, und doch kommt hier und da der Zweifel auf. Und das Misstrauen ist wohl geweckt. So bitte ich dich, bei dir zu sein und das, was ist zu genießen und ganz und gar bei der Sache zu sein. Alles andere findet sich hier auf dem Weg.
Vielleicht kannst du ein Stückweit Seelentröster sein, denn du weißt jetzt um verschiedenste Abläufe. Jene, die demnächst in ein nächstes Stadium gehen, die sich in deinem nahen Umfeld befinden, kannst du ein wenig mit deiner Liebe unterstützen. So ist diese manchmal so viel mehr wert, als viele Worte je zum Ausdruck bringen könnten.
Wisse, dass du geliebt und geschätzt bist ebenso. Durchlaufe du deine Stadien voller Freude. So wird nichts da sein, was dich hindert. Und so haben die Vorbereitungen doch schon längst begonnen und sind hier sogar teilweise abgeschlossen.

Ich freue mich auf die nächste Phase, die ja nicht mehr allzu lange dauern wird. Und so ich dich hier erspüre, kann ich bei dem Rat ein Wort für dich einlegen. Ich gehe nun aus dem Instrument hinein in die Stille. Würde dich bitten, noch einmal deine Augen bewusst zu schließen, dich mit der Quelle zu verbinden und das Licht zu empfangen.
So ist auch sie jene, die mich speist und die in direkter Verbindung mit mir ist. Lasse den Impuls des Lichtes auch von deinem roten Chakra aus einen Moment lang wirken. So du dafür bereit bist, empfange den Impuls. Ich verabschiede mich mit diesen Worten der Liebe und der Hingabe und Dankbarkeit und grüße noch einmal das Licht und die Schönheit in dir und in deinem Herzen. Ich liebe dich! Ich liebe dich! Ich liebe dich!"

„Ich danke dir!"

Welche Möglichkeiten bietet uns nun die Erde an in dieser für die Menschheit und den Planeten aussichtslos erscheinenden Situation?
Sie fordert uns auf, mit Wahrhaftigkeit und Liebe das Prinzip der Weiblichkeit zu stärken und den Planeten damit zu überschwemmen. Dabei können wir auf die Unterstützung durch die Dreiheit bauen. Mit der Energie Michael als Vermittler zwischen den Menschen und der „Geistigen Welt". Mit Joshua, um die Menschen im Herzen zu berühren und schließlich mit der Erde selber als Energie der puren Weiblichkeit.
Diese Dreiheit versucht nun mit Hilfe des Gitternetzes der „Neuen Freiheit der Liebe", der Liebe eine neue Chance zu geben, den Ausgleich von männlicher und weiblicher Energie zu unterstützen und verlorengegangene Seelenanteile wieder zu integrieren.
Das „Projekt Liebe", durchgeführt von Vertretern „aller planetarischen Systeme", soll zu einer „Neuen Erde" führen, nicht mehr dominiert von der Männlichkeit und offen für unbegrenzte Möglichkeiten, unsere Herzenswünsche zu verwirklichen.

Ich muss gestehen, dass mir die Vorstellung, den Planeten mit purer Weiblichkeit zu überschwemmen, durchaus gefällt. Die praktische Umsetzung des „Projektes Liebe" übersteigt zwar meine Vorstellungskraft, aber ich bin dabei!

Innere- und Äußere Ökologie

Zwischenbilanz

Wir müssen uns als Teil von Allem sehen und erkennen, dass wir mit jeder Zerstörung unseres Planeten, auch einen Teil in uns zerstören und verantwortlich handeln.
Die Erfahrungen der Fülle und des Glücks sind es, die uns Kraft geben und uns aus ganzem Herzen heraus handeln lassen.
Aus Angst, Isoliertheit und Enttäuschung lässt sich keine Zukunft gestalten.
Sie sollte inspiriert sein von inneren Visionen der Lebensqualität, des Friedens und der Liebe. Wir erkennen heute, dass sich alle Lebensformen in einem Netz gegenseitiger Abhängigkeiten beeinflussen und unterstützen.
Wir Menschen sind nur eine von Millionen von Arten. Als Teil des Netzwerkes aller Gemeinschaften sind wir miteinander verbunden.
Verbinden können wir uns auch mit den Gästen und Helfern der Erde, die unseren Blicken meist verborgen bleiben, dem Kleinen Volk und den Elfen und Feen.
Nur durch das Einbeziehen aller Freunde der Erde, auch der nicht sichtbaren, werden wir den Kampf gegen die Zerstörung erfolgreich bestreiten können.
Jeder der offen dafür ist, kann diese „Welt der Energien" sehen und fühlen, vielleicht sogar hören oder riechen.

Persönliche Erfahrungen mit der „Anderswelt" sind überwältigend. Sie machen unser Leben bunter, glücklicher und sinnvoller. Sie führen uns aus der Isoliertheit globaler Konkurrenzkämpfe heraus und stärken unsere Verantwortung für unsere Mitgeschöpfe und für die Erde.

Politisches Engagement für eine lebenswerte Zukunft ist wichtig, doch für den dringend notwendigen Wandel braucht es das innere Feuer derer, die den Wandel schon in sich selbst entfalten.

Erst das Gleichgewicht einer „Inneren Ökologie" führt zu wirkungsvollen Veränderungen im Außen.
Es gilt aus dem Herzen heraus zu handeln und die Welt neu zu sehen.
Rein technische Lösungen, um den Planeten zu retten, greifen zu kurz!

Die Rolle der Energie Gott bei der Entstehung des Universums

Ich hatte in den Sitzungen mit Anja Antworten auf Fragen zu meiner Inneren Ökologie, zur Dreiheit und zu den Kleinen Völkern bekommen. Aber eine Frage blieb noch offen: Gibt es den allmächtigen Gott wirklich? Gibt es ihn so, wie ich ihn mir vorgestellt hatte; als Schöpferenergie unseres Universums und gleichzeitig als Teil in uns allen?

Nachdem ich durch Anja, auf meine Fragen zu unserem Planeten, Antworten von so mächtigen Energien wie der Dreiheit bekommen hatte, reizte es mich, noch „eine Etage höher" zu gehen - zum „Allmächtigen"!
Ich nervte Anja: „Channel doch mal Gott! Bin gespannt, was der dazu sagt!"
„Du spinnst wohl! Das geht nicht!" Damit gab ich mich natürlich nicht zufrieden! Schließlich willigte sie nach Monaten ein.
Zu meiner Überraschung meldete sich aber nicht Gott, sondern das Licht zu Wort.

Das Licht zur Entstehung des Universums, zur „Quelle der Schöpfung", zum „Allmächtigen" und zum „Experiment Liebe"!

„Gegrüßt seist du, du Licht, das du bist. Dankbar hier in die Anwesenheit gerufen worden zu sein. So komm ich als die Energie, die den Namen hat, den du dir als eine Form der Vorstellung gegeben hast. So möchte ich mich hier das Licht nennen. So komme ich hier zu dir als Schwingung, die alles ist, was dieses Sein umfasst.
So ist das, mehr als das, was ihr euch in eure Vorstellungskraft mit dem Wort Gott, göttlich hineingegeben habt. Und so ist dies hier leider noch etwas, was falsch verstanden wird. Gegeben worden haben Menschen Namen, Bedeutung und Verwendungszweck ebenso. Gehaftet habt ihr dieses an Worte, und so tragen Worte in euch ebenso das Bild einer Vorstellung. Deshalb kann ich hier nicht als die Energie sprechen, die du dir so sehr gewünscht hast. Ich hoffe, dass du trotzdem einverstanden bist, dass ich hier als das spreche, was dir vertraut ist als das Licht.
So ist dies mehr die Bedeutung der Schwingung, die ich hier hineinbringe als das, was ich dir auf deinen Geist als Bild geben kann. So bitte ich dich hier offen und ehrlich zu antworten, du lichtvolles Wesen. Bist du einverstanden, wenn ich hier nun weiter zu dir spreche und Bezug nehme auf deine Fragen, die du so dringend hast?"

„Gibt es denn diese Vorstellung von Gott, die ich von Gott als Energie habe, nicht?"

„So versuche ich dir hier einen Impuls zu geben. So ist das, was Menschen sich erschaffen haben, ein Bild der Vorstellung. So sind Impulse, die sie empfangen, doch sehr unterschiedlich auf ihrem Weg zur Verarbeitung, von Handlungen ganz zu schweigen.
Ja, so bist du leider auf dem Weg hier nicht länger richtig mit dem, was die Energie Gott ist.

So ist dies etwas, was den Menschen eingefallen ist, um etwas zu bezeichnen. Und wie du hier erahnen kannst, können Worte nicht das Große und Ganze erfassen.
So spreche ich dir als die Energie, die kraftvoller und mächtiger in all ihrer Formen ist als jedes Wort, das durch dieses Instrument hier ausgesprochen werden könnte. Da ich mir jedoch sicher bin, dass ich jene Energie bin, die dir hier ein Stückweit mehr Aufschluss geben kann, bin ich gerne bereit, mich mit dir auseinanderzusetzen über die Fragen, die du hier auf dem Herzen hast.
So ist es nicht so, dass ich hier in meiner ganzen Kraft und Schönheit weilen kann. So nehme du mich hier als der Funken wahr, der hoffentlich ausreicht, um das, was du auf dem Herzen hast, zu erhellen. Somit bin ich da mit einem feinen Strahl, den der Funken hier sich in deine Flamme gibt. So bitte ich dich von Herzen, dass du hier versuchst, dich von oben herab in die Tiefe gehend zu öffnen.
Stelle du dir vor, dass du hier die Möglichkeit hast, einen großen Trichter anzusetzen und das, was ich hier in diese Möglichkeit gebe, aufzufangen, so dies dein Wunsch und dein Wille ist. Versuche zu verstehen, dass die Möglichkeiten für ein menschliches Wesen doch noch recht begrenzt sind.
So seid ihr dabei, mehr und mehr aufzunehmen durch die neuen Netzwerke der Verbindungen, die geschaffen wurden. Und doch ist es so, dass sich der Körper nicht so einfach diesem Prozess hingibt. So wirst du auch spüren, dass es hier auch noch kleine Unwegsamkeiten gibt, die hier erst noch transformiert werden müssen.
Und doch wisse, dass du das alles zu gegebener Zeit direkt in deinem Verstand entschlüsselt bekommst, so dass du dann weißt, dass es die Information ist, die ich dir sandte. Was heißt das nun ganz konkret?
Dass ich mit der Möglichkeit gekommen bin, dir Impulse zu geben."

„Du hast gesagt, dass beim ‚Projekt Liebe' du und alle anderen Seelen zusammengekommen sind, um spielerisch die Liebe bei den Menschen einzupflanzen, dass das Projekt jedoch aus der Bahn gegangen ist. Welche anderen Energien waren dabei? Was ist schiefgegangen? Welche Energien waren bei der Entstehung unseres Universums anwesend? Meinte Joshua mit ‚Vater' das Licht?"

„So muss ich mich hier etwas korrigieren. So sind in der Tat verschiedene Fragen hier vermengt worden. So mag ich hier nicht alle gleichzeitig beantworten und so haben nicht alle Fragen etwas miteinander zu tun. So würde ich dich bitten, dass du das, was du zuerst wissen möchtest, hier noch einmal einzeln vorträgst, damit ich dazu Stellung nehmen kann. So folgt das Licht der Aufmerksamkeit. Und so du hier die Aufmerksamkeit verstreust, ist es nicht möglich, dieselbe Energie auf die Frage zu lenken. So gehe du bitte danach, was dir am Wichtigsten erscheint."

„Wie und durch wen ist unser Universum entstanden?"

„So hast du hier das, was groß ist gewählt. So ist das Universum etwas, was ich dir nicht mit Worten erklären kann, die du verstehen könntest. Ich bin nicht einmal dazu in der Lage, sie zu diesem Instrument zu transportieren. Versuche jedoch, es für dich auf eine Ebene zu bringen, die dir Klarheit bringt. Was man hierher bringen kann, ist die Vorstellungskraft, die man braucht, die Zusammenhänge zu verstehen.
So gebe ich hier mit diesem Funken, der ich für dich bin, heute eine Möglichkeit, das Feld deiner Vorstellungskraft zu erweitern. So ist deshalb die Bitte gewesen, den Trichter zu benutzen, um es in dich einfließen zu lassen. Und so ist hier in der Tat eine sehr interessante Fragestellung: Wer und was nicht wahr?
So kannst du dir vorstellen, dass es die verschiedensten Konstellationen gibt, die an dem beteiligt waren, die geströmt sind. Dieselben Konstellationen aus dem, was die Quelle ist. Auch das Licht ist Teil der Quelle. Und so sind die Konstellationen, die in diesem Licht der Quelle als großes Ganzes zu erfahren sind, unermesslich.

Stelle du dir vor, dass es ein Fenster gibt. Und wenn du immer auf einem Weg an dieses Fenster herangehen würdest, würde es dich verschlucken. So ist es mit dem Licht und der Quelle. Und so kannst du es dir wie in einem riesigen Topf vorstellen. Nimm das Bild eines wirklich großen Topfes.

Stell dir vor, dass alle möglichen Schattierungen, die es in dem Spektrum gibt, sich als winzige Punkte in diesem Topf befinden, in einer Suppe schwimmend meinetwegen. So kannst du ein einziges Körnchen herausfischen. Und dieses Körnchen trägt einen Coupon. Dieser Coupon kann eine Absicht sein.
So ist es nicht einfach, diese Zutaten hier zu beschreiben. Und deshalb wähle ich hier die Möglichkeit der Farben. So ist auch jedes einzelne Körnchen etwas, was man Qualität, Idee und Gabe nennen könnte. So ist aus diesen verschiedenen Zutaten hier das Universum geformt worden.
Und dieses Universum, das du dir als die ‚Muttersuppe' vorstellen kannst, trägt all das in sich was nötig war, die verschiedenen anderen Universen zu gestalten, damit sie entstehen und um sie gebären zu können, wenn du so willst.
So ist hier die Möglichkeit, sich ein Feld zu schaffen, das dem hier die Ideen gibt, und das ist der Zufall, man könnte auch sagen: Die Würfel fallen und die Würfel fallen jedes Mal unterschiedlich aus. So ist Absicht hier nicht das, was treffend wäre, und doch hat die Quelle die Idee gehabt, aus dieser Suppe heraus etwas anderes hervorbringen zu wollen. Aus diesen verschiedensten Zutaten, die sich dort drinnen befinden, etwas zu geben, was wieder neue Möglichkeiten gibt, ein neues Gericht so zu sagen, zu kreieren. Vielfältig sind hier die Möglichkeiten gewesen.
Und so ist das, was du in deinem Feld erlebst, ein Universum, dem du hier teilhaftig bist.
So ist hier auch Neues entstanden, ähnlich aus diesem Universum heraus, aus dieser Quelle des Universums. So stelle dir vor, dass die Quelle sich weitergibt, immer weiter. Mit jedem einzelnen Körnchen gibt sie sich den Impuls weiter, und der Funken, der ich

bin, der hier zum Tönen kommt. So ist hier auch aus diesem Korn das entstanden, was du die Möglichkeiten zu schöpfen nennst. So ist das ein großes Bild von dem, was doch viel größer ist, als ich es hier versucht habe, in diesen kleinen Worten zu formen. So frage ich dich hier, ob du von dem, was ich hier versuche mitzuteilen, ein Bild hast? Und ob es dich erreicht und der Funke für dich spürbar ist?"

„Was war bevor die ‚Suppe' da war?"

„So ist das, was immer war, die Urquelle. So kannst du auch die Quelle als die ‚Suppe' sehen, in der eben alles schwimmt, auch das Licht. So gehört alles zu diesen merkwürdigen Gericht, das entstehen kann aus diesem bunten Mischmasch heraus. So ist es hier Verschiedenstes, das dieses Gericht beinhaltet. So hoffe ich, dass du genügend Interesse daran finden kannst, was die verschiedensten Farben und Schattierungen hier außerdem bedeuten können und wie sie der Schöpferkraft dienlich sind. Was fragst du weiter hierzu?"

„Also war am Anfang nicht das Licht oder das Wort, sondern es war alles gleichzeitig da?"

„So ist es gewesen. Das ist die Quelle, und die Quelle beinhaltet alles, auch das Licht. So gibt es hier tatsächlich die stärksten Verbindungen zu dem, was ist das Licht. Und Licht und Quelle sind hier miteinander verbunden. So du willst, ist hier die Quelle des Lichts das, was alles zum Entstehen bringt. So ist es nicht trennbar voneinander. Hast du hier noch mehr Fragen zu dem, was das Licht ist?"

„Du hast gesagt, dass später neben der Quelle auch andere Seelen daran beteiligt waren, auf der Erde das ‚Projekt Liebe' zu installieren. Welche Seelen waren daran beteiligt?
Zu welcher Zeit war das?"

„Und so bist du eine schön lustige Energie, die hier daherkommt und versucht mit so wenig Worten wie möglich, das größte

Geheimnis zu lüften. So bin ich jedoch bereit, und die Möglichkeit ist hier gegeben, dir dazu etwas mitzuteilen. So ist mir selbstverständlich bewusst, dass es hier nur Bilder und Worte gibt.
So ist es in der Tat so, dass aus diesem ‚Muttertopf der Quelle', das Licht die Kraft ist, die hier alles auf dem Weg bringt. So sind hier in dem Topf, in den verschiedensten Schattierungen der Farben, Energien gewesen. Lass es mich noch einmal so sagen: Viele, viele verschiedene Energien, nicht nur ein Körnchen davon. So sind aus diesen Körnchen ebenfalls das Universum und die Universen entstanden. So ist daraus ein Planet entstanden und was alles noch zu diesem Planeten und zu den Systemen gehört.
So ist hier eine Verbindung zu allem was ist entstanden.
So funktioniert sie von oben nach unten und von unten nach oben. So ist aus diesem Körnchen in dem Universum in dem du lebst, auch das entstanden, das sich jene Seelen hier zusammengeschlossen haben. So kann man sich das so vorstellen, als wenn man ein Spiel bekommen hätte. Und so würden sich hier die Spieler zum ersten Mal begegnen; Treffpunkt vor dem Tor, sagen wir mal. Warum kam es dazu?
Es kam dazu, um Verbindungen zu schaffen, um hier die Verbindungen zu allem was ist zu ermöglichen und zu verdeutlichen und auch daran festhalten zu können. Stell es dir wie ein Netzwerk vor. Knotenpunkte sind dabei auch sehr wichtig, die es nach wie vor gibt. So sind es Seelen von verschiedenen planetarischen Wesen gewesen, die aufgrund ihrer Möglichkeiten angesprochen wurden. Glaube nicht, dass es hier einen Wettbewerb gab oder so. Es gab dort bei allen einen Impuls der größten Hingabe.
Und so haben sich hier, sobald es Energieformen gab, wenige nur hervor getan mit dem, was ist die Liebe, das Mitgefühl und das Miteinander.
Und so wurde hier etwas, was ihr ein Oberhaupt nennen würdet, gewählt. Nicht in einer Wahl, sondern es war selbstverständlich hier in der Gemeinschaft, die nach und nach entstand. So kamen hier die verschiedenen Abgesandten zusammen und sie wurden ausgewählt wegen ihrer großen Liebe, wegen ihres reinen Impul-

ses und wegen ihrer nicht vorhandenen Absicht. Sie waren frei und offen für das, was kommt und bereit, dem zu dienen, was sie am meisten verehrten und was sie ausmachte.
So ging hier tatsächlich nicht etwas schief, sondern es war nicht zu planen. Es gab hier keinen Plan. Es gab nicht die Absicht, sondern nur die Möglichkeit, etwas Neues entstehen lassen zu können mit der größten Kraft all jener, die in der Anwesenheit gewesen sind. Schon eine ganze Zeit her, dass ich darüber schon einmal sprach. Hier kam es im Grunde dazu, dass es eine Energieform gab, die sich nicht bereit erklärt hat, dabei zu sein. Und das ist eine Energie gewesen, die mit dem Mars in Verbindungen steht.
So hat es sich so zugetragen, dass das Experiment, das in der Tat nicht in der ganzen Kraft hier gelungen ist, wie es hätte sein können. Die Energie, die sich hat abgewendet hier, sie hat sich für nicht gut genug befunden, nicht als würdig genug.
So ist sie doch jene gewesen, die geschickt wurde, und doch hat sie hier nicht beim ‚Experiment Liebe' teilnehmen können.
Was ist durch dieses Fehlen der Energieform geschehen? Ich kann es hier nicht mit meiner ganzen Kraft und meiner ganzen Deutlichkeit sagen und man ist hier nach wie vor nicht sicher, was es wohl verändert hätte, wäre die Energie dabei gewesen und hätte zugestimmt. So kannst du dir allerdings vorstellen, dass Teile der Kraft der Liebe, hier nicht vollständig sind.
So ist es so, dass es diese Möglichkeit nochmal gab und gibt, dass die Energien aller Planetarischen Systeme hier noch einmal zusammenkommen werden, um sich direkt vor das ‚Tor der Quelle' zu begeben. Um sich noch einmal diesem Spiel hinzugeben, für das sie schon einmal kamen.
So ist das für dich in der Tat nicht unbedingt von Bedeutung, wer diese Seelen waren und wer sie heute sind. Und wisse, dass es gut ist, dass es nicht nach einem Plan gelaufen ist, sondern dass es immer neue Wege und Möglichkeiten gibt. Und dass jeder Einzelne wählt diese für sich. Und dennoch ist es gut, wenn es darüber hinaus hier auch für mich die Möglichkeit gibt, dich noch einmal zu aktivieren, dass du deinem Gefühl noch mehr Raum gibst. Und

den Verstand, den du immer noch aktiviert hast, mal das Kommando zum Abschalten gibst, ein Stückweit wenigstens.
So frag ich dich hier, was ist mit dem Verständnis? Arbeitet es und hast du verstanden? Oder wo befindest du dich gerade mit deinem Gefühl?"

„Gab es zu der Zeit schon Menschen auf der Erde?"

„So du mich hier gar nicht zu Wort kommen lässt, frage ich dich noch einmal: Wo befindest du dich gerade mit deinem Gefühl?"

„Ich versuche mir gerade die Situation vorzustellen. Ich bin auch mit dem Gefühl bei der Vorstellung."

„So versuch noch einmal mehr, das Gefühl mit dem Trichter zu verbinden. Versuch du bitte noch einmal, dass der Trichter den Funken direkt auf dein Herz transportiert.
So gebe ich dir hier weiter Auskunft, so ich dazu in der Lage bin. So ist es hier selbstverständlich das fehlende Teil gewesen, das dazu geführt hat, dass die Erde von den Menschen, oder sagen wir lieber so von dem, was die Menschen heute ausmacht, befallen werden konnte und sollte. So sind die ersten menschlichen Wesen hier Experimenten zum Opfer gefallen und ihre Energien haben sozusagen als Versuchskaninchen die Erde mit ihrem Sein besiedelt.
Und dann gab es danach das, was wir hier nennen das ‚Experiment Liebe', um sicherzustellen sozusagen, das es hier einen Gegenpol zu diesem ‚Experiment Erde', zu dem ‚Experiment Mensch' gibt. So ist hier gewollt gewesen, dass es Veränderungen gibt und sie sind Teil des Spieles gewesen. So kann man es als Spiel jener bezeichnen, die hier bereits herausgefunden haben, dass es Absichten und Möglichkeiten gibt, Energien verschiedener Schattierungen zu steuern und sie für sich nutzbar zu machen.
Ohne diese Energieformen der Seelen, die sich für die Liebe trafen, wäre hier ein sehr, sehr dunkler Fleck geblieben und nicht die Erde, wie sie nun ist. So hat es dort keine Möglichkeiten für Entwicklungen und Freude gegeben und erst recht nicht für die Liebe.

So ist es hier gut, dass alle jene sich getroffen haben. Und die sich auch in der Zeit, die nun kommen wird, wieder an die Liebe erinnert haben und an ihren Auftrag, so du willst. So wird bei euch viel von einem Seelenplan gesprochen und davon, was hier wohl zu tun ist.
Ich benutze auch nicht gerne das Wort Auftrag, doch hat es natürlich etwas von dem.
Jene Energien, die verschiedenste Planeten besiedelten, haben sich unterschiedlich entwickelt. Selbstverständlich hatten alle die gleichen Möglichkeiten der Entwicklungschance und alle hatten gleich viele Körnchen von verschiedenen Farben.
Jedoch waren die Bedingungen ihrer Universen und ihrer Planeten sehr unterschiedlich. Auch dadurch hat sich ein ganz anderes Umfeld entwickelt, andere Ideen und Möglichkeiten.
Und so ist sehr schnell etwas entstanden, was nicht geplant war, in keinster Form. Und das, wovon ich hier spreche ist das, was ihr heute Krieg nennt. Damals würde ich sagen, waren es Unstimmigkeiten. Und so entwickelte sich die Macht. Und so waren jene ersten Energien, die hier in Scharen auf diesen Planeten kamen, so etwas wie die Sklaven. Arme Experimentierkaninchen, würde man sie heute nennen. Und so haben bisher immer noch das Licht und die Kraft der Liebe gesiegt. So hat es immer wieder Zeiten gegeben, in denen die Kraft der Macht überhandgenommen hätte, wenn sich die Waagschale nicht im letzten Moment wieder hätte ausgleichen können. Kannst du den Aussagen bis hierhin folgen?"

„Ja."

„So frage ich dich hier, was gibt es hier noch von deiner Seite zu fragen? Nimm dir die Zeit und wisse, dass du hast hier noch die Möglichkeit, in dich zu gehen. Und so brauchst du dich später nicht zu fühlen, als wenn du hier etwas verpasst hättest. So gehe ich einen Moment in die Stille."

„Du hast gesagt, dass sich diese Energien jetzt wieder zusammentun, um das Projekt zu wiederholen. Heißt jetzt, in nächster Zeit? Welche Auswirkungen kann es auf die Menschen haben?"

„Nicht alle Energien aus dem ursprünglichen Experiment sind zu dem jetzigen Zeitpunkt auf der Erde inkarniert. Ein Teil ist sehr wohl inkarniert und erinnert sich daran, dass es nichts Wichtigeres gibt, als die Liebe in sich selbst zu entdecken und diese zu aktivieren. Jene, die hier sind, werden sich erinnern und bereits dabei sein, sich parat zu machen.
Jene, die noch woanders unterwegs sind, werden sich trotzdem noch darüber bewusst werden.
Und so gibt es einen ständigen Austausch zwischen dem Planeten Erde und all jenen, die daran beteiligt sind. Wozu dient es?
Ich versuche hier noch einmal, dies deutlich zu machen durch die Energiebahnen eines Netzes. So sind alle verbunden. Durch ständiges Senden und Empfangen schwingen wir, bis auf einige wenige, sehr ähnlich. Das ist wunderbar, weil es so leichter möglich ist, die Energie zu erhöhen.
Das bedeutet, das Bewusstsein darüber, was ihr tatsächlich in eurer Ganzheit seid, hat wieder die Möglichkeit, sich zu entfalten. Bewusstsein ist hier der Schlüssel, der durch die Netzwerke gegeben wird, durch die Bahnen transportiert wird.
Es wird nichts Dramatisches passieren, da mittlerweile mehr und mehr, selbst von jenen, die noch nicht in Harmonie schwingen, sich daran erinnern und versuchen, Harmonie und Gleichgewicht auf ihrem Planeten entstehen zu lassen.
So wie es auch bei Euch aussieht, ist es auch bei anderen. Das, was ich hier gebe als Bild, dass es ihnen überwiegend gut geht; einigen selbstverständlich weniger. So ist das bei mir immer als Ganzes zu sehen. Kannst dir auch gerne vorstellen, dass jeder einzelne Planet hier einen ganz eigenen Ton in sich trägt, und dass alle Universen zusammen ein ganzes Orchester bilden.
Ein Planet bringt einen Ton, ein Universum bringt eine wunderbare Melodie und alle zusammen sind das Orchester und spielen das

ganze Lied. Und so ist es das, was ich ursprünglich auch in der ‚Suppe' finden kann. Verstehst Du? Hier gibt es die Töne und dort gibt es die Farben.
So ist eins in dem anderen enthalten. Alle sind Teil der ‚Suppe'. Alles ist vorhanden bei Euch und bei allen anderen.
So gibt es dann auf einmal sicher bei allen die Möglichkeiten, so die Schwingung tatsächlich irgendwann harmonisch ist, und das Lied vom Orchester gespielt werden kann, tatsächlich diese Dinge, die du dir noch nicht erträumen kannst, zu erleben.
So wisse, dass in der Tat alles möglich ist, was du in diesen Rahmen des Vorstellungsfeldes hineinbringen kannst.
Du kannst dein umrahmendes Bild geben. Du kannst es verändern. Du bist auch der Ton und auch die Farbe. Und so versuche auch hier, die Farbe und vor allem das Licht für dich und dein Leben positiv zu nutzen. Achte noch mehr darauf, dass du dich mit Helligkeit versorgst.
So ist auch hier ein weiterer Hinweis gegeben. Man kann sich in der Dunkelheit befinden, aber man kann immer ein Licht anzünden.
So bist du hier häufig die Flamme, die andere anzündet oder an der sich andere anzünden können. Für manch einen kann es schön und warm sein. Schön und warm und Licht und hell und für andere ist es eher zu heiß und sie mögen sich vielleicht in der Flamme verbrennen.
So gehe ich hier noch ein weiteres Mal in die Stille, um Raum für mögliche Fragen die du hast, bevor ich dann wieder aus dem Instrument gehe. So ich hier noch etwas sagen kann: Es besteht die Möglichkeit, sich zu öffnen und zu dienen und diese Energie zu halten. Es kostet doch mehr an Anstrengung, als ich vermutet habe. Deshalb überlege einen Moment in der Stille, was hier für dich noch von Wichtigkeit ist. Nimm dir die Zeit, die du brauchst. So bringe das noch einmal in eine Form und drücke sie innerlich an dein Herz und lasse sie dann los."

„Welche Energie meint Joshua, wenn er vom ‚Vater' spricht? Meint er die Quelle oder eine andere Energieform?"

„So hast du eben gut gewählt hier deine Frage. So ist dies in der Tat doch interessant, dass du sie stellst. So ist es eine Energie, die zutiefst mit dem Väterlichen verbunden ist und damit von Anbeginn an mit dem Prinzip der Macht geimpft wurde.
So hat die Energie Joshua selbstverständlich einen Vater. So ist die Energie, von der er spricht, sein Vater. Was hier nicht heißt, dass es nur eine Energieform und nicht eine Wesenheit ist. So verstehe dies nicht falsch. So ist hier der Aspekt, den du hier reinbringst, mit der ‚Quelle des Lichts', nicht direkt von der Hand zu weisen, weil sie in direkter Verbindung miteinander stehen.
Doch ist die Quelle und auch das Licht nicht mit dem ‚Vater' verbunden, also auch nicht Ausdruck väterlicher Energie. So ist Beides, wenn du es so nennen willst, neutral.
Etwas, womit Joshua gekommen ist. Etwas, was ihm eingegeben wurde, um Informationen zu bringen und um hier bewusst für die Kraft der Energie benutzt worden zu sein.
So bin ich dabei, hier den Funken für dich noch einmal zu verwandeln. Und gebe so einen Impuls von seinem Farbstrahl mit hinein. So wirst auch du mehr und mehr in dem Farbenwesen rosa unterwegs sein dürfen. Kennst wohl den Spruch der rosaroten Brille. So ist dies eine Farbe, die dir zurzeit unglaublich gut tun könnte.
Versuche, wenn du magst, damit zu probieren und zu experimentieren und sei offen für die Gefühle, die du in der Lage bist, zu empfangen.
Versuche bei dir zu sein und den überkritischen Verstand mal anzulächeln mit deinem Herzen. Lass die beiden Freunde sein, so möchte ich es sagen und gebe mir, sei so gut, hier noch einmal Informationen, ob ich hier ausreichend dienlich bin mit den Aussagen, die ich in der Tat nur sehr selten freigebe, und denen ich den Impuls gebe, hier einen Weg in das Gefäß des menschlichen Seins zu machen."

„Ich habe noch nicht ganz verstanden, welche Energie der ‚allmächtige Vater' ist. Ist es eine eigene Energieform?"

„Sie ist eine gewählte Energieform, etwas wie ein Sammelbehältnis sozusagen. So kannst du dich wohl an verschiedene Seelen und verschiedenste planetarische Formen erinnern. So hat es hier auch jene gegeben, die sich weiterentwickelt haben.
Und so berichtete ich dir, dass auch dort das Werkzeug der Macht ins Spiel kam.
So gab es in der Tat hier eine sehr mächtige Energie, die sich gegen alle anderen schien durchzusetzen mit dem, was sie an Qualität zu geben hatte. Und sie hatte die reinste und stärkste und die klarste Energie. Daraus ist das, was er seinen ‚Vater' nennt, entstanden.

So haben ihn dann zu jenen Zeitabläufen verschiedene Anerkennung und Macht durch ihren Willen gegeben, ihm zugesprochen sozusagen und ihn, ob sie nun wollten oder nicht, damit gestärkt und ihn damit auf einen so hohen Posten befördert, dass er sich sodann über sie gestellt hat.
Sie haben ihm Energien gegeben in Form von: Ich bewundere und beachte dich. Sie haben diese Energie verehrt und aus dem heraus entstand dann das, was Joshua den ‚Vater' nennt."

„Wie verträgt es sich mit Joshuas Wunsch, nur Liebe zu geben?"

„So ist hier für ihn kein Widerspruch vorhanden gewesen. So ist diese Energie, die er nennt ‚Vater', die für ihn Alles ist und die von vielen anderen ebenfalls hier nicht grundlos anerkannt und bewundert und damit erhoben wurde.
So ist für ihn selbstverständlich, dieses Wissen und die Idee der Liebe an die Menschen gleichzeitig weiterzugeben.
Sie ist der Ursprung dieses Experimentes. So ist es ohne die Liebe hier und auch auf keinem anderen Planeten und in keinem anderen Universum wirklich lebenswert. So ist es doch hier mehr als je zuvor nötig, alle Aufmerksamkeit darauf zu richten und nicht davon abzuschweifen.

So ist es gut, nicht die göttliche Kraft anzubeten, sondern vielleicht für sich selber zu beten, sich wieder ganz und gar mit dem Ursprung zu füllen, der ich war in der Quelle.
So bin ich hier mit meinen Ausführungen am Ende und gebe dir nochmal die Möglichkeit und hoffe, dass du bereit bist, hier die Worte zu finden, die du mir hier zum Abschied entgegenbringst. So gehe ich aus dem Instrument und verabschiede mich mit den Worten: Ich liebe dich! Ich liebe dich! Ich liebe dich!"

„Ich liebe dich auch!"

Ich muss schon sagen, dass diese Sitzung mich tief bewegt hat. Aus „erster Quelle" zu hören, was vor und nach dem Urknall geschah!! Das musste ich erst einmal sacken lassen! Gott nicht mehr als höchste Schöpfungsenergie zu sehen, sondern auch entstanden aus der Quelle und durch das Licht gegangen.
Gott als mächtige väterliche Schöpferenergie.
Dieses Bild beeinflusste mich nachhaltig. Immer wenn danach von Gott die Rede war, konnte ich es mir nicht verkneifen, meine Sicht dieser Energieform darzustellen - nicht immer zur Freude der Anderen.
Für viele ist Gott in ihrer Vorstellung immer männlich und weiblich zugleich gewesen oder Göttin, auf keinen Fall nur väterlich, also männlich dominiert.

Verbindung der Welten

Kommunikation mit den „Kindern der Erde"

Nach diesem Ausflug in so „große Themen", wie die Entstehung unseres Universums und die Rolle der mächtigen Energie Gott, zurück zu den Kleinen Völkern, den Elfen und Feen. Schließlich wünschte ich mir, alle Welten miteinander zu verbinden. Ohne Farn und Marie für mich kaum vorstellbar!

Die 3 Kleinen Völker

Immer wieder tauchen sie im Text auf, die Völker der Zwischenerde, die Elfen und Feen. Sie sind mir besonders ans Herz gewachsen. Deshalb möchte ich ihnen hier einen eigenen Abschnitt widmen.

Sie sind nur eine Handbreit von uns entfernt und leben doch in ihrer eigenen Welt. Wir kennen sie aus Märchen und Fantasy-Romanen als die „Unsichtbaren" oder als Elfen und Feen.
Im Märchen erfüllen sie als „gute" Feen Herzenswünsche oder sie verfluchen als „böse" Feen Menschen, die sich nicht an ihre Regeln halten.
In J.R.R. Tolkiens „Herr der Ringe" kämpfen sie gemeinsam mit den Menschen gegen die Mächte der Dunkelheit, um Mittelerde zu retten.
Wer sind sie wirklich?
Sehen sie so aus, wie wir sie uns vorstellen?
Wie kann ich sie wahrnehmen und wie mit ihnen kommunizieren?
Welche Auswirkungen hat unser Handeln auf ihre Welt?

Von besonderer Bedeutung für mich war von Anfang an die Antwort auf die Frage: **Wie kann ich mit ihnen kommunizieren**? Bis heute gelingt es mir nur sehr begrenzt, sie zu verstehen. Ich sehe sie zwar als buntes Farbspiel mit sich schnell verändernden Farben und Formen - den Inhalt der Botschaften verstehe ich aber immer noch nicht! Immer wieder erhoffte ich mir praktische Hilfen, um sie nicht nur noch besser sehen zu können, sondern auch ganz „normal“ mit ihnen zu sprechen. Wie sollte ich ihnen helfen können, wenn ich sie nicht verstehe? Anderen gelingt das doch scheinbar auch!

Mein erster Kontakt: Zur Erinnerung: „Da saß er nun neben mir im Bett, der „Peter Pan“. Es sollte sich herausstellen, dass es nicht Peter Pan war, sondern Farn, der Wächter eines „Dimensionstores“ auf meinem Grundstück.
Durch Dimensionstore lässt sich besonders leicht von der Welt der Unsichtbaren in unsere Welt wechseln (sagt Farn!). Das Gleiche gilt selbstverständlich auch umgekehrt - also der Eintritt in die Welt der „Unsichtbaren“.
Also machte ich mich wieder auf zu Anja. Wenn durch sie die Erde spricht, geht es mit den „Kindern der Erde“ sicherlich auch! Und es ging!

Farn zur Situation in der „Zwischenerde“

„Gott zum Gruße. Gott zum Gruße, geliebte Seele. Ich bin in der Anwesenheit und spreche dir hier mit dem Namen Farn. Gerufen worden bin ich, und so habe ich das Instrument geführt hin an die Orte, an denen ich für sie zu finden war. So möchte ich dir gerne dieses Bild zuteilwerden lassen, so dass du auch verstehst, wo ich gerade bin. Ich bin an einen Platz geführt worden, der sich in einem Zentrum befindet.
Dieses Zentrum ist, wenn du es dir vorstellen magst, der Ort, an dem viele zusammenkommen, um sich auszutauschen und zu lernen und um neue Dinge miteinander zu besprechen und zu teilen und um Erfindungen zu machen, die in unserer und auch in deiner Welt von Nutzen sein können. So ist das Instrument mir auch gefolgt durch verschiedenste Tunnel und so war sie erstaunt, dass sie hier auch Licht sah.

So war es so, als hätte sie in ihrer Vorstellung das Gefühl von Dunkelheit und Tunnel. Nun konnte ich sie führen durch den Tunnel und konnte sie an eine freie Fläche bringen, die sie doch sehr erstaunt hat. Hier ist unser Ort, an dem wir uns treffen und an den ich dich und euch einladen darf, hier gemeinsam die neusten Erfindungen zu besprechen.
So bin ich dankbar, dass ich hier die Möglichkeit habe, wieder in das Wort zu kommen. So ist mir dies sehr hilfreich. So versuche ich in der Tat nicht nur faul herum zu sitzen, sondern bin damit beschäftigt zu versuchen, die anderen meines Volkes zu motivieren. So ist dies ein schwieriges Unterfangen und hier ist, vielleicht kannst du es dir annähernd vorstellen, auch hier großer Tumult ausgebrochen.
So ist durch die Veränderung der Erde natürlich auch unser Reich groß ins Wanken gebracht worden. So sind hier in der Tat viele Baustellen aufgedeckt worden und auch nicht wirklich ein leichter Weg zu euch hinauf vorbereitet worden.
So möchte ich dir mitteilen, dass wir hier in einem Aufbruch sind. So hat es sich hier zugetragen, dass große Teile unserer Zentren und der Gegend, in der viele von uns leben, zusammengebrochen sind, eingestürzt und sogar zum Teil nicht mehr bewohnbar, da auch im Inneren der Erde große Massen von, ich kann es nicht definieren, Substanzen in die Erde geleitet worden sind, die uns dazu veranlasst haben, uns anders zu orientieren.
So hat hier etwas stattgefunden, das ich fast mit einer Völkerwanderung bezeichnen möchte.
So ist es ein reges Treiben, das hier herrscht. So ist der Ort, an dem ich bin sehr ruhig, hat aber nur zu tun damit, dass ich mir ausdrücklich gewünscht habe, diesen Raum zu halten.
So sind die anderen in der Nähe und versuchen das Energiefeld zu halten. Uns ist nicht ganz klar, was hier passiert und was ihr auf der Erdoberfläche so treibt. Was ich hier sagen kann ist, dass hier ein Zustand des Chaos herrscht und dass wir wirklich nicht genau wissen, wen wir hier bitten könnten, uns zu helfen. Es scheint hier wohl wahnwitzig zu sein, jemanden hierher bringen zu wollen,

außer auf dem Weg, wie das Instrument gerade mit mir hierher gereist ist. Was bedeutet dies nun für dich, geliebte Seele, die gekommen ist, um hier Fragen zu stellen, die sich genau mit dem Thema zu befassen. Wie ist es möglich hier Hilfe zu sein? Ich bin dir dankbar für deine Willensstärke und deinen Mut ebenso. Nun kann ich dir leider nur sagen, dass du bist dabei, dich mehr und mehr auf das einzuschwingen und einzustellen, was du als menschliches Wesen in deinem Aufstiegsprozess gerade tust.
Ist vielleicht auch schwierig zu sagen, dass es auch nötig ist, mit mir ebenfalls in den Abstieg zu gehen nicht wahr. Niemand will doch gerne herunter. Dabei durfte ich dir gerade mitteilen, dass hier Licht ist. Nicht einzig und allein dunkel und düster, sondern es auch hell und schön ist. So fange mit deiner Frage an, die sich hier um die Zwischenerde dreht.
So ist dies ein Bereich, der sich in der Zwischenerde befindet. So ist das unser Lebensfeld. So gibt es selbstverständlich Verbindungswege und Möglichkeiten, die direkt zu Innererde führen. Ich kann dir hierzu nicht allzu viel mitteilen, da es sich nicht um ein Feld handelt, was von uns und mir betreten werden kann. Noch gibt es dort andere Energien, die sich dort aufhalten, die aber nicht direkt in Kontakt mit uns stehen. So möchte ich hier sagen, dass sie ebenfalls dabei sind, eine Aufstiegsleiter für sich zu suchen, auch um ihr Wissen aus der Erde heraus zu transportieren. So sind wir dann die ersten, die mit den neusten Informationen von ihnen versorgt werden, wenn es denn möglich ist.
Selbst hier gibt es eine Sprachbarriere, und so gibt es hier wenige von uns, die sich bereit erklärt haben, sich auf diese Energien einzustellen und somit als Mittler und Dolmetscher zu funktionieren. So wie auch das Instrument, durch das ich hier spreche, diese Tätigkeiten gerne wahrnimmt, weiß ich jedoch auch, dass es wohl kein so leichter Tag ist, um die Energien zu transportieren, die dir und euch nötig und wichtig sein könnten.
Es befindet sich hier alles in einem sehr wackeligen Feld. Du kannst es vielleicht mit einem Erdbeben vergleichen, das sich durch das Erdinnere und die Zwischenerde zieht.

So ist Innererde am allerstärksten in die Geburtsprozesse eingebunden, in Mitleidenschaft gezogen. Das, was ich dir über diesen Bereich noch sagen kann ist, dass sie gewillt sind, ein neues Feld für alle bereits vorhandenen und bereiten Seelen aufzubauen, so dass sich aus dem Innersten etwas ganz Neues entwickeln kann, das auch auf eurer Oberfläche der Erde sichtbar wird.
So kann das vielleicht noch kein Prozess sein, der für dich mit dem menschlichen Auge innerhalb von wenigen Wochen sichtbar sein wird, und doch werden in den nächsten Monaten deutliche Veränderungen auch in der Erde zu sehen und wahrzunehmen sein. Ich möchte dich hier bitten, nicht die Geduld zu verlieren, wenn es um die Kontaktaufnahme zu mir geht.
So ist es schwierig. Die Gruppe von der ich bereits sprach, ist doch recht zusammengeschrumpft. Sie haben sich zurückgezogen und sind der Meinung, dass von den Menschenkindern nicht besonders viel zu erwarten wäre. Ich habe hier wirklich Probleme, um mich hier zu transportieren, um mich noch mehr in die Dichte zu bringen und mich so möglicherweise deutlicher zeigen zu können.
Ich möchte dich aber fragen, ob es nicht doch bei dir ankommt, wenn ich versuche, meine Form mit Glitzern aufzuladen? aufzuladen?
So habe ich dies schon einige Male versucht, wenn du versuchst, mich intensiver zu spüren. Ist dir das aufgefallen, dass sich etwas verändert an dem Licht und dem Schattenspiel, wenn ich komme und versuche in die Berührung zu dir zu gehen?"

„Ja, es hat sich verändert. Es war bei den letzten Malen intensiver als es davor war. Ich verstehe trotzdem nicht, was du transportieren möchtest."

„So ist es der erste Wunsch von mir gewesen, mich für dich deutlicher sichtbar und spürbar zu machen. Auch ist dieses Glitzern zu vergleichen mit einem kleinen Prickeln auf der Haut. So ist dies ja unser Zeichen gewesen; eine Berührung, die dich sanft streichelt an der Wange. So habe ich auch versucht wie du zu experimentieren.

So ist es mir jedoch nicht möglich, meine Töne so in eine Form zu geben, dass du sie mit deinen Ohren wahrnehmen könntest.
So bin ich ehrlicherweise auch das eine und das andere Mal nicht begeistert gewesen von den Versuchen, die wir gemeinsam unternehmen. So bin ich auch manchmal einfach zu bequem, mich alleine anzustrengen und zu wissen, dass es doch in Wahrheit die Hilfe von verschiedenen anderen Energien bräuchte, um das Feld zu halten.
So habe ich hier eine Menge mitzuteilen ebenso, das wir sind wesensähnlich den menschlichen Wesen, doch sehr viel vereinfacht und sehr viel kleiner. So haben wir hier viele, die sind, wenn man es so sagen kann, recht begrenzt in ihrer Anschauung und in dem, was ihr Wunsch für sich selbst und für unser Volk und für die Zukunft ist.
So haben hier viele mich bereits schon abgehakt als jemanden, der doch nur Flausen im Kopf hat und fragen sich, was wir wohl von euch wollten?
Wie sollte es gehen?
So habe ich bereits von dem Tunnel gesprochen, von der Möglichkeit zu reisen. Ich verstehe sehr wohl, dass es dir hier und da spanisch vorkommt. Und wie wäre dies wohl möglich? Und doch sage ich hier noch einmal, dass es durchaus möglich ist mit dem, was ist deine Fantasie, ein Stückweit in die Welt zu reisen, der ich teilhaftig bin. So könntest du mehr und mehr verstehen, was wir brauchen.
Wir haben nicht so wie ihr bestimmte Vorstellungen und Ideen. Bei uns gibt es dieses ganze Materielle und dieses Drumherum nicht in diesem Ausmaß, wie ihr es anscheinend kennt. Wir haben andere Wünsche und vor allem ist es genau wie bei euch hier: Das was zählt, ist die Freude und Spaß.
Die meisten haben gerade mehr Angst als Freude und Spaß, und so ist es hier kein guter Zeitpunkt, die anderen davon zu begeistern, weiter zu machen mit unseren Experimenten, die hier auch für sie noch keine großen Fortschritte gebracht haben.
Ich bin mir trotzdem sicher, dass wir früher oder später in den

Kontakt gehen können, so sich die nächste Stufe beruhigt hat. Ich spreche von der Welle von Energie, die unsere Ebenen durchflutet, die euch ebenfalls schon erreicht hat und noch erreichen wird. Über dieses Feld wird einiges, was bisher fest, starr war, zusammenbrechen können.
So brauche ich hier auch wirklich mal einen konkreten Hinweis auch von dir, nicht nur du von mir. So geht es bei uns auch in der Tat darum, dass ich und andere hier verstehen, was die Neue Erde ist, und wir können uns ebenso wenig wie du vorstellen, wie sie denn wohl für dich und für uns ausschauen würde?
Würdest du uns hier einladen wollen zum Frühstücken, oder worüber würden wir sprechen? Was sind denn hier deine Wünsche und deine Absichten?
So geht es hier auch darum, dass sie mehr Sicherheit brauchen, und so reichen ihnen nicht meine Worte und mein Gefühl, sondern so sind sie auch jene, die dich fragen nach dem, was ist deine Idee und dein Vorschlag. Was ist zu tun, um deine und meine Welt ein Stück näher zu bringen? So bitte ich dich geliebte Seele, so sprich bitte zu mir."

„Ich würde euch gerne willkommen heißen, von euch hören wollen, was ihr mögt, nicht mögt, ob zum Frühstück oder ob ich euch zeigen kann, was wir als Menschen tun, was wir fühlen und ich würde euch gerne bei dem helfen, was ihr braucht. So müsste ich dazu konkret wissen, was es ist."

„So danke ich dir, dass du uns willkommen heißen würdest. So kommen wir vielleicht noch einmal auf das Frühstück zurück. So gibt es nichts, an dem es uns hier mangelt. So haben wir das, was wir brauchen, um zu leben und um versorgt zu sein. Es ist wohl sehr wichtig, dass es uns interessiert, wie es sich als Mensch lebt? Was ist das, was dich ausmacht in deinem Sein und in deinem Körper?
So ist einigen von uns bekannt, was ihr so macht, und so ist uns Vieles davon so fremd und kommt uns sehr überflüssig vor. So ist das, was wir hier Leben nennen, auf das Wesentliche reduziert.

So gibt es hier selbstverständlich das, was ist die Versorgung und die Ernährung. So ist das, was ihr Arbeit nennt, auch bei uns vorhanden.
So hat hier in der Tat jeder eine besondere Aufgabe, sei es nun für sich selbst oder auch für die Gemeinschaft. So leben wir in Gemeinschaften und so haben wir es ähnlich, wie ihr es in euren Dörfern habt. So gibt es auch die Zentren von denen ich sprach und in dem ich mich nun befinde.
So haben wir geglaubt, es könnte eine Hilfe sein zu berichten, was sich hier an chaotischen Ereignissen bei uns tut, und dass nun viele aufgescheucht und erschrocken sind, dass sie das, was sie hier mit ihrer Kraft erarbeitet und aufgebaut haben, nun bereits zerstört wieder vorgefunden haben.
So sind dies für uns deutliche Zeichen dafür, umzuziehen. So haben dies bereits einige schon getan. So ist auch bei euch möglich, dass sich viele anders entscheiden werden und umziehen. Nicht weil sie es wollen, sondern weil es von Nöten sein wird. Die Erde macht sich neu. So ist dies für uns deutlich zu spüren. Was wir uns wirklich wünschen, ist die Gewissheit, freundlich von Menschen empfangen zu werden, sicher zu sein, dass uns nichts getan wird und in den Austausch zu gehen. Wir haben hier keine großartigen Schätze anzubieten.
Wir sind doch im Vergleich zu euch sehr simpel gestrickt und wir haben Spaß am Fest und wir haben Spaß am Feiern. Wir haben männliche und weibliche Energien, die sehr wohl in Freundschaft und in Harmonie miteinander leben, anders als bei euch.
So wäre hier wirklich noch einmal ein Austausch schön, wo ich doch auch dachte, ihr könntet auch von uns lernen, weil wir nicht so abgelenkt sind, wie es bei euch zu sein scheint.
So sieht vieles von dem, was ihr Erde und auch Natur nennt, anders aus als die eure. Nun ist hier nicht die Frage, ob wir neugierig sind auf die Oberfläche. Viele von uns sind vertraut auf der Erde zu wandeln und doch tun sie es nur sehr heimlich und sehr versteckt. Wie schön wäre es, sich andererseits doch frei und unbefangen bewegen zu können und auch Freundschaften zu haben, wie

du schon sagtest. Du kannst uns mal was zeigen. So könnten wir mit dir ein Stück auf der Erde gehen und würden in dieser Zeit viel mehr sehen, als wenn wir uns selbst auf die Beine machen würden. So haben wir Musik gerne und so nehmen wir wahr, wenn jemand singt und pfeift und singt sein Lied. So geht es bei uns nie darum, dass man etwas besonders gut und schön können muss. Bei uns geht es hauptsächlich darum, dass wir das mit Freude aus ganzem Herzen tun und uns der Sache annehmen und uns ihr hingeben. So frage ich dich: Geht es dir in deinem Leben ähnlich, oder was ist hier der Unterschied zu uns?"

„Mir ist noch nicht klar, was eure Aufgabe auf der Erde ist."

„So ist uns dies auch nicht klar, was hier unsere Aufgabe ist. So gibt es hier dieses Wort Aufgabe als solches auch nicht, so spielen wir ein Spiel und für uns ist es wie ein großes Abenteuer. Noch nie ist diese Möglichkeit vorher da gewesen.
So ist mir so, als wenn ich dir schon mal gesagt hätte, dass es hier auch um die Verbindung zwischen oben und unten geht. Sich diese wirklich bewusst zu machen und sie ganz und gar im Alltag zu integrieren, gar so, als hättest du Hühner und würdest sie jeden Tag versorgen und füttern und dich um sie kümmern.
So ähnlich könnte ich es mir vorstellen, wäre es auch mit uns. Nicht, dass wir die Hühner wären, aber doch würde man sich kümmern müssen und wäre auch im Alltag teilhaftig und hätte eine Rolle, die man spielt. So ist uns auch nicht ganz klar, was wir wohl zu euch bringen könnten?
Ja, wir haben eine Menge Wissen über Steine und Mineralien und die verschiedenen Gesteinsschichten und die Zusammensetzung der verschiedenen Schichten der Erde. So haben wir ein gewisses handwerkliches Geschick, welches so anders ist, als ihr es kennt und doch ist uns auch nicht klar, ob es darum geht, dass es nun gelingt oder nicht.
Manchmal habe ich das Gefühl, dass hier etwas wird von mir erwartet, dass ich nicht liefern kann. Lass mich mal so sagen: Ich bin neugierig. Ich bin voller Freude, dass ich hier ein Botschafter sein

kann. Ich möchte gerne berichten von den Ereignissen mit dir und euch und das tue ich auch, und doch scheint es nicht so wahnsinnig spannend zu sein, dass die anderen legen ihr ganzes konzentriertes Sein mit mir auf diese Begegnung.
So bin ich auch etwas enttäuscht und versuche so gut es geht, hier die Stellung zu halten, so wie du es tust.
So hast du vielleicht eine Idee, was es wohl sein könnte, was wir mit dir und euch in einer Verbindung für die Menschen tun könnten? Bitte sag du mir, wie ist dein Gefühl dazu?"

„Ich verstehe noch nicht, was ihr in der Erde macht. Es wäre einfacher, dann eine gemeinsame Aufgabe zu finden."

„Es ist nicht so, dass wir hier eine bestimmte Funktion haben. Wäre wohl grad so, als würde ich dich fragen: Was ist denn deine Funktion als Mensch auf der Erde zu sein?
Hast du hier eine bestimmte Funktion?
Haben die Menschen eine bestimmte Funktion?
So existieren wir. Haben verschiedenste Gefühle, die den euren ähnlich sind. So geht es hier für mich nicht darum, in Konkurrenz zu dir zu sein. So ist es auch nicht so, dass wir die kleinen Helferlein sind, die in der Erde Dinge reparieren oder machen. So ist es selbstverständlich nicht. Wir haben auch hier Dinge zu erledigen und müssen unseren Bestand sichern.
So sind wir ebenso Handwerker und Baukünstler, so wie ihr es seid. So geht es bei uns nicht ums Geldverdienen wie bei euch. So sind wir hier weit zurück. Wir haben hier immer noch den Tausch und so ist uns dies genug und ausreichend.
So hast du anscheinend eine bestimmte Vorstellung von uns, dass wir hier hätten besondere Aufgaben zu erfüllen. So würde mich interessieren, was du darüber weißt. So würde ich auch gerne wissen, von wem es kommt. So weißt du vielleicht mehr darüber als ich."

„Meine Vorstellung war, dass die Innererde und die Zwischenerde für den Erhalt einer bestimmten Frequenz zuständig sind.

Auch dass sie diese Frequenz als Magnetfeld auf die Erde bringen."

„So bin ich doch angenehm überrascht, dass das die Annahme ist, und so fühle ich mich geschmeichelt, dass uns dies zugeordnet wird. Selbstverständlich haben Dinge damit zu tun. Das Magnetfeld der Erde ist uns selbstverständlich bekannt und vertraut, doch dies ist nichts, an dem wir arbeiten oder was durch unser Dazutun Bestand hat oder bestehen könnte. So ist es ähnlich wie ich sagte: Wir haben diesen Bereich als Lebensraum gewählt, beziehungsweise er ist uns zugeordnet worden.
So wie ihr eben Menschen seid und auf der Erde lebt, so gibt es viele Energien die in das ganze Energiefeld einspeisen, was sich innerhalb und auch außerhalb der Erde befindet, so wie ich es verstanden habe, einst waren Energien miteinander verbunden und verwoben. So ist für mich das Ganze mehr als nur ein Spiel.
So versuche ich auch Inhalte und Zusammenhänge mehr und mehr zu erkennen und dir, wenn es denn so wäre, dass ich hier eine Kraft sein könnte, die nun sehr wichtig ist, um dieses Magnetfeld zu stärken und was auch immer zu tun, würde ich das tun. Jedenfalls ist mir nicht bekannt, dass irgendeiner von uns hier so etwas tun würde oder Beauftragter wäre.
So ist es ein ganz normaler Prozess. Wir leben und geben Energie und diese Energie, die von der Innererde gegeben wird, kommt noch einmal an uns vorbei.
So ist aber im Außenbereich der Erde selbst durch ihre Tochter hier zu uns einiges gesagt worden. Auch zu uns ist über die Veränderungen gesprochen worden und dass wir gebeten wurden, einfach mit unserer Liebe da zu sein und uns nicht zu fürchten.
Es ist nicht so, dass es hier keine Unglücke, wie du es nennen würdest, gibt. Auch bei uns sind Opfer zu beklagen. So ist es in der Tat eine chaotische Zeit.
So ist uns das von der Erde anvertraut worden, dass sie versucht mit anderen gemeinsam, hier an einem Tisch zusammenzukommen und zu sehen, was wir tun können?

Das was wir wollen so wie ihr, ist die Liebe. So wissen wir ebenfalls von dem, was ist die Neue Liebe. Auch wir möchten gerne frei sein, was für uns bedeuten würde, dass wir uns gefahrlos, auch in eurer Welt, bewegen. Schön wäre dies, auch wenn es schwer für uns ist, uns das vorzustellen. So würde es vielleicht auch in gewissen Räumen oder begrenzten Gebieten möglich sein.
Hierzu kamen Einwände, dass es dann so wäre, als wenn ihr Tiere in einem Zoo haltet und wir wären dann jene, die ausgestellt werden. So würden welche aus purer Neugier kommen und das ist nicht unser Wunsch und unsere Absicht.
Ehrlicherweise möchte ich hier sagen, dass hier die Meinungen auseinandergehen. So bin ich bereit für Vorschläge. So sind es momentan nicht sehr viele, die sich begeistern können für die Idee des Zoos für das KleineVolk.
So frage ich dich, wie würdest du wohl damit umgehen an meiner Stelle zu sein und hier in den Kontakt zu Menschen zu treten? Was bringe ich zurück und was kann ich sagen?
Ja, ich habe da Seelen gefunden, die würden uns einladen und sie würden uns etwas zeigen. Und was würde das bringen?
Was wäre jetzt der Unterschied?
Wir könnten nicht alle gemeinsam gehen nicht wahr. Wäre auch viel zu riskant. Man weiß eben nicht, wem man hier vertrauen kann. So kann man uns mit einem Schlag vollkommen vernichten. Nicht, dass es das schon einmal gegeben hätte.
So sind wir nicht umsonst so vorsichtig und so skeptisch. So weiß auch ich nicht, was ich hier den Meinen berichten soll und wäre auch dankbar für Vorschläge von deiner Seite. So weißt du viel und so bist du auch sehr weit gegangen.
So frage ich dich: Was ist wohl die Idee, was für dein und mein Volk gemeinsam zu tun ist, um hier eine freundschaftliche Verbindung herstellen zu können, solange wir doch gar nicht ins Gespräch per du und du gehen können? So sprich geliebte Seele.“

„Es müsste doch möglich sein, dass ihr euch auf der Erde frei bewegen könnt mit einem Schutz durch die Dreiheit.“

„So glaube ich wohl, dass es welche gibt, für die es von Interesse sein könnte. So wäre es auch meine Vorstellung und mein Wunsch, mit verschiedenen wichtigeren Energien hier zusammenzukommen und zu überlegen, wie es denn sein könnte, hätten wir Raum für uns wo würden wir uns treffen? Wie versammelt man sich? Solange wir nicht die Möglichkeit haben, in eine festere Form gehen zu können, dürfte es wohl sehr schwierig sein.
Ich setze hier meine Hoffnung darauf, dass durch die Weitung und weitere Erschütterungen des Energiefeldes mehr und mehr Möglichkeiten sich zeigen werden hier, in einen direkten Kontakt zu treten. Mein Wunsch wäre vorerst wenige, vielleicht drei vielleicht vier, mit denen man anfangen könnte, allerhöchstens vier. So bräuchte man eine Basis.
Was wäre denn, wenn es nur darum ginge, dass wir einfach nur bereit wären, Freundschaften zu schließen, so wie ihr das tut?
Würde das nicht auch eine interessante Aussicht sein? Was meinst du?“

„Für mich wäre eine Freundschaft mit dir wunderschön. Ich dachte nur, ich könnte euch darüber hinaus behilflich sein.“

„Es ist hier nicht so, dass ich nicht Wünsche habe. So berichtete ich dir bereits von dem Chaos, das hier herrscht. So ist Aufbauarbeit vielleicht das richtige Wort. So sprach ich ebenfalls davon, dass viele von uns ihr Feld räumen mussten, weil durch die Erde seltsame Substanzen sickern.
So ist auf eurer Erde eine Vielzahl von Menschen nicht besonders sorgsam unterwegs, und so wird hier noch viel mehr vor euch verschleiert, als euch bisher bewusst ist. So sind nun bisher schon einige Fälle bekannt geworden, und so kannst du dir vorstellen, dass es viel mehr gibt, die ihren Scheiß direkt ablassen in das Erdreich hinab und dass es selbstverständlich große Auswirkungen auf unser Leben und unsere Gesundheit hat.
Das wäre hier das Einzige, was ich mir vorstellen könnte und so ich sagen würde: Ich wünsche mir hier dringend Hilfe.
Doch bin ich mir im Klaren darüber, dass ich damit nicht nur kann

an eine Person wie dich herantreten. So ist mir aufgefallen, wie ich hier dastehe und ehrlich, so stelle ich es mir auch bei euch vor. So ist das Reich sozusagen zu groß, um alle mit meiner Botschaft erreichen zu können.
Selbstverständlich ist meine Idee und mein Wunsch, dass jemand über uns berichten kann, dass es uns gibt, und dass wir echt sind und dass wir wahr sind, und dass wir darum von Herzen darum bitten, dass die Erde gesund erhalten wird, da sie nicht nur euch, sondern auch uns Lebensraum und Energiequelle und Spender ist. So ist nur diese kleine Gruppe, die ich versuche um mich zu scharen, dabei und versucht, das Gute zu sehen auch mehr und mehr jenen mitzuteilen, die sich von den Menschen abgewandt haben und wisse, es hat schon immer welche gegeben, die versucht haben Informationen einzuholen und die auch nicht zurückgekehrt sind. So ist unsere Vermutung sehr naheliegend, dass es auch welche gegeben hat, die die eine oder den anderen geschnappt haben. Man kann es nicht sagen, doch ihr seid natürlich große energetische Wesen, die sehr viel mehr ausrichten können als wir.
So ist hier wohl eine Bitte angebracht und angesagt, dass du vielleicht könntest die Informationen hinzufügen, dass es gibt nicht nur bei euch Krankheiten, die dann entstehen, sondern dass es auch bei uns hat Auswirkungen auf unsere Männer und Frauen hat, die hier durch ein Feld der Verwandlung gehen und ebenso wie es auch bei euch zu Krankheiten kommt, führt es bei uns auch zu Krankheiten und Missbildungen.
So frage ich dich hier: Gibt es noch etwas, was du auf dem Herzen hast?“

„Was ist mit den Elfen und Feen?“

„So sind Elfen und Feen ebenfalls Energien, die dieser Welt teilhaftig sind, genau wie wir. So sind sie nicht direkt in dem Reich angesiedelt, in dem wir uns befinden und dennoch gibt es hier und da Begegnungen, die sich sehr ähnlich gestalten, wie die unsere. So ist es auch hier eine Sprachbarriere und so geht hier direkt viel nur über die Gefühlsebene und über die Töne.

So sind sie jene, die unterwegs mit den schönsten Liedern und Melodien sind. So haben sie darüber einen Weg und ein Mittel, Instrument sozusagen gefunden, welches sie benutzen, um auf sich aufmerksam zu machen und so ihre Ideen und Wünsche hinaus zu tragen. Mit ihnen zu kommunizieren, ist sicher noch wieder etwas ganz anderes.
So sind sie auch für uns sehr schwer sichtbar, und so gibt es hier einige, die haben besondere Geschichten von ihnen zu erzählen. Dass es dort welche gibt, die ebenso wie bei euch und auch bei uns, die Befreier der neuen Zeit sind.
Soweit ich weiß, sind sie auch dabei, Anstrengungen anzustellen wie du und ich und suchen ebenfalls nach dem Menschenfreund, um mehr und mehr eine Verbundenheit zwischen den Welten zu verankern.
So ich es richtig verstanden habe, gibt es hier nur die Möglichkeit, die Verbundenheit mehr und mehr zu erspüren, und in die Brücke des Erspürens ist das Vertrauen gelegt, dass etwas ganz Neues kann stattfinden, was es noch nie gab zuvor. Da bin ich mir sicher und vertraue auf die Aussagen, die gemacht wurden für unsere neue Zeit.
So sage ich dir: Ich bin bereit und bin dankbar und voller Freude, mit dir einen Schritt weiter zu gehen. So bitte ich dich, nimm du das letzte Wort, bevor ich aus dem Instrument gehe und schließe für heute ab. So spüre in dich hinein und warte, was noch taucht bei dir als Frage oder Impuls auf."

„Ich danke dir für deine Anwesenheit und für deine Freundschaft."

„So danke ich dir. So darf ich dir hier sagen, dass für mich die Freundschaft ein allergrößter Schatz ist, den es zu gewinnen gibt. So ist mir dieses Ansporn genug und so weiß ich, dass daraus ganz andere Dinge entstehen können. Doch zuerst muss man wirklich Freund werden. Freundschaften bauen sich auf. Man kann Zuneigung haben und man kann Versprechungen abgeben, doch weiß man nie genau, woran man ist.

So gibt es hier eine weibliche Energie an meiner Seite, die bereit ist, dies ebenfalls zu unterstützen, um da auch in die Mann-Frau-Energie zu kommen. So ist dies wunderbar, wenn es möglich ist. So ist dies auch ein Geschenk, was du und auch das Instrument mir gebt. Es ist die Energie vom Männlichen und Weiblichen, die die Brücke aufrecht hält zwischen uns und euch.
So danke ich dir für deine Anwesenheit und freue mich, wenn wir das nächste Mal versuchen zu kommunizieren und dies mit einer dritten Person machen. Lass uns das spielerisch machen und gib nicht auf.
Gott zum Gruße."

Farns Aussagen über den Zustand seiner Welt hatten mir noch einmal deutlich gemacht, wie dringend und wie wichtig eine Unterstützung seines Volkes wäre. Seine Aussagen hatten aber auch die Begrenztheit meiner Möglichkeiten aufgedeckt. Wie konnte ich ihnen denn helfen, wenn sie selber schon keine Vorstellung davon hatten, was ich wirklich tun könnte und wenn es auch bei ihnen nur wenige gab, die meine angebotene Hilfe annehmen wollten? Farns Sicht erschien mir zu sehr auf sein Lebensumfeld begrenzt zu sein und so suchte ich nach einer weiteren Energie, die mir bei meinem Wunsch, die Kleinen Völker zu unterstützen und die sichtbaren und die unsichtbaren Welten wieder zusammen zu bringen, weiterhelfen konnte.

Farns Hinweise auf die Elfen und Feen hatten mich neugierig gemacht.

Wer konnte mir mehr über ihre Welt und die Verbindung der Elfen und Feen zur Erde und zu den Menschen sagen?
Natürlich! Wieder zu Anja! Wir trafen uns in ihrer Gartenlaube. Um uns herum lautes Vogelgezwitscher.
Anja begab sich wie immer in einen Halbtrance-Zustand.
Da betrat sie die Bühne: Marie - Botschafterin der drei Kleinen Völker.
Ganz aufgeregt und euphorisch!

Marie - Botschafterin der drei Kleinen Völker

Marie zur Verbindung mit allem und zu einem gemeinsamen Versammlungsraum!

„Gott zum Gruße, geliebtes Licht! Dankbar bin ich, dankbar, dass ich hier in den Kontakt zu dir gehen darf, dass die Dreiheit mir Vortritt gelassen hat. Ich bin dir Marie, Abgesandte des Volkes, mit dem du gewünscht hast, hier in die Anwesenheit zu kommen. So bin ich voller Freude, dir mitteilen zu dürfen, dass wir begeistert sind, dass es mehr und mehr Energieformen gibt, die uns und der Idee zugetan sind, dass wir miteinander in die Kommunikation gehen können.
Die Dreiheit ist eine mächtige Kraft, die auch in unseren Bereichen wohl bekannt ist. Sie geht in Kontakt mit verschiedenen Schwingungen und verschiedenen Energien und schafft durch sich selbst dieses Netzwerk, diese Brücke zu all den Welten. So ist es gut gewesen, zu sagen, du wünschst dir den Kontakt.
So sind verschiedene Energien daran interessiert, in Freundschaft miteinander umzugehen und auch nebeneinander hier leben zu können. Dies ist immer unsere Absicht gewesen, und es hat hier Zeiten gegeben auf diesem Planeten, den ihr nennt Erde, die sehr wohl bereichert waren durch Freundschaften verschiedenster Art. Dann aber ist hier etwas geschehen, das man in eurem Sprachgebrauch wohl Unglück nennt. Verschiedenste Energien sind gegeneinander geraten, es hat ein großes Streitgefecht gegeben.
Nach dem Kampf haben sich alle wieder zurückgezogen, voneinander losgesagt, die Freundschaften gekündigt und das, was es einmal gab, was ihr Liebe nennt, verschwand ebenso wie alles andere, was gut war, was beseelt war von Freude und Liebe und Lust. So hat die Trennung stattgefunden und ist immer noch Teil

unserer Gesellschaftsformen. So bitte ich dich, diese Trennung in dir hier aufzuheben zu allererst. So bitte ich dich hier und heute, die Möglichkeiten zu nutzen, die Energien der Schmerzen, des Alten, der Streitigkeiten, der Wut nun zu erlösen, sie in eine erlöste Form zu transformieren, sie umzuwandeln in das, was du bist in allen Bereichen, in eine gelöste, übergeordnete Form.

So ist dieser Tag dazu wunderbar gewählt, denn es gibt hier nur noch einen sehr dünnen Schleier, der uns trennt.
Mir ist bewusst, dass es noch viele Ungereimtheiten gibt und auch das eine oder andere, das noch nicht entschuldigt worden oder gar zurückgenommen ist. Und dennoch bin ich mir sicher, dass ich hier sprechen darf als die Energie, die die weiße Fahne bringt.
Ich stecke sie hier in die Mitte des Platzes.

Wisse, ich bin bereit, eine Verkünderin des Friedens zu sein. So das auch eure Nachricht ist, werde ich sie sehr gerne überbringen. Ich kann nicht versprechen, dass es sein wird wie es einmal war. Doch ich erinnere mich an diese Zeiten. Sie waren rund, sie waren voll und sie waren nutz voll, wie du es dir nur vorstellen kannst.

Ich bringe die Botschaft, wenn dies dein Wunsch ist. So bitte ich dich noch einmal, hier das vorzutragen, was du zu sagen hast zu denen, die für euch unter dem Namen des Elfen- und des Feenvolkes bekannt sind. Hierzu erläutere ich ein anders Mal mehr Begrifflichkeiten, die wir benutzen. Doch nun sprich du, geliebtes Licht."

„Es wäre wunderschön, wenn ich euch wahrnehmen, vielleicht auch sehen und mit euch sprechen könnte, dann wären wir in der Lage, gemeinsam viel Zeit miteinander zu verbringen und Spaß zu haben. Und ich könnte euch besser verstehen."

„So danke ich dir für das Angebot. Die Idee, die du in dir trägst, hört sich gut und verlockend an. Doch bin ich mir nicht sicher, wie es wirklich werden kann in unseren Zeiten. So bin ich, Marie, wohl gewillt, doch sind hier viele noch nicht ausgesöhnt. Genauso wie du selbst, haben sie diesen Prozess noch vor sich. Auch für uns ist

heute ein wunderbarer Tag, diese Energie, die ich bereits aufzählte, heute in die Transformation zu geben.
So ist es wunderbar, wenn wir alle gemeinsam die Elemente einladen würden. Ich bin dankbar, dass du gewillt gewesen bist, in die Natur zu gehen und den Elementen ausgesetzt zu sein. Hier sind wir tätig und verbunden mit den Elementarenergien. Du wirst, wenn du mehr Zeit für dich findest, mehr Möglichkeiten finden, über die Elemente mit uns in den Kontakt zu treten. So gibt es überall einen Funken, der uns beseelt, und über ihn sind wir auch in der Lage, miteinander zu kommunizieren. Stelle dir vor, dass es durch den Windhauch alleine möglich ist, Informationen mit uns auszutauschen.

Wir sind jene, die die Ideen und die Träume zu euch bringen, und so sind wir deiner Traumwelt teilhaftig. So darf ich dir ebenfalls mitteilen, dass dein Tun sich hier herumgesprochen hat, ebenso wie deine Bereitschaft, uns Hilfestellung zu sein.
Dennoch gibt es ein großes Rätselraten, was wohl kommen wird von dir – die Meinungen gehen weit auseinander, da es hier noch nicht genügend Vertrauen und Zusammenhalt gibt.

An den meisten Tagen ist es sehr schwierig, in den Austausch zu gehen. So danke ich dir für deine Absicht und bitte dich noch um Geduld.
So ist hier eine Möglichkeit geboten, während des Schaffens und Entdeckens und Tuns miteinander in das Spiel und in den Austausch zu gehen. So hab ich hier noch eine Frage: Welches der Elemente würdest du dir aussuchen, um es zu benutzen als Brücke zu deiner und unserer Welt?"

„Meist du mit den Elementen Feuer, Wasser, Erde, Luft?"

„Ja."

„Die Erde."

„So bin ich dankbar. So ist auch die Erde mein liebstes Element. So hab ich hier nicht viele Möglichkeiten, doch du, du bist tätig, du

hast einen großen Körper, hast Möglichkeiten hier zu bauen, bist Baumeister.
So frage ich dich, gibt es hier irgendetwas, was du dir schon immer gewünscht hast zu bauen, um etwas mit deinen Händen machen zu können, was auch noch Bestand hat in Verbindung mit dem, was du als Elfen- und Feenvolk bezeichnest?
Zu dienen oder eine Brücke zu sein unserer Freundschaft hier behilflich zu sein?"

„Ich könnte vielleicht ein Haus aus Lehm und Weidenholz bauen. Weiß aber nicht wie groß? Mit vielen Öffnungen zum Durchgehen, das aber auch Schutz bietet."

„So ist das eine wunderbare Idee. So hätte man doch Möglichkeiten, hier etwas ganz Neues entstehen zu lassen. Würdest du einverstanden sein, wenn wir dir dabei hilfreich wären?
Wir könnten das, was du vorgeschlagen hast, umsetzen. Wir könnten Zeit miteinander verbringen und Freude miteinander haben. Man hätte auch einen Raum, von dem man sagen könnte, man hätte hier einen Ort der Versammlung für das ‚Volk der Unsichtbaren Bereiche'. Was hältst du von diesem Ausdruck?"

„Sehr schön! Wie groß müsste der Raum sein?"

So liegt es an dir. So dass du auf jeden Fall Platz darin hättest, vielleicht auch noch zwei weitere Personen. So ich von der Dreiheit weiß, ist drei hier doch eine sehr gute Zahl. Nur eine Idee. So ist es sicher auch sehr schön, mehrere einladen zu können. Für uns allein würde selbstverständlich ein sehr viel kleinerer Raum ausreichen. So wäre es schon schön, wenn du wenigstens darin Platz finden würdest. Findest du nicht?"

„Ja."

„So ist das Element Erde das, was mich am Allermeisten begeistert. So ist sie die weibliche Energie, die mich hinaufträgt und auch die Energie, die mich wieder hinab zur Erde zieht. So bin ich dabei, Informationen auf deinen Geist zu legen. Bilder so du willst, wer-

den sich daraus entwickeln. So hast du hier Möglichkeit für dich ganz alleine mit uns gemeinsam und für die, die du noch einlädst in Deine Runde, einen Ort der Begegnung zu schaffen. So das deine Absicht wäre, würdest du hier einen Grundstein legen für etwas ganz wunderbares Neues und noch nicht Dagewesenes. So hört sich das gut an für mich.
So ich weiß von deiner Ökologieidee, so hätte man doch auch gleich die Möglichkeit, die Energien gebührend einzuweihen.
Wenn ich darf, gebe ich hier einen Hinweis, der dich noch mehr bringt in deine kreative Energie und das, was du nennst Schöpferkraft.
So ist es vorerst nötig, dass du, so du Zeit hast, dass du dein inneres Feuer noch einmal neu entfachst. So du dies getan hast, ist hier die Möglichkeit gegeben, dich direkt mit deinem Herzfeuer mit der Erde zu verbinden.
So bist du hier der Baumeister und wir können deine Inspiratoren sein. Würde es dir gefallen, für deine naheliegende Zukunft so etwas zu planen?"

„Ja, eine gute Idee."

„Hast du hier noch mehr Fragen?"

„Wie kann ich dich wahrnehmen?"

„So bin ich verbunden mit den Elementen, und so bin ich besonders mit der Erde glücklich. So du in den direkten Kontakt gehst mit deinem Körper zur Erde, werde ich in der Nähe sein, werde dir Impulse geben. Stelle dir sie vor wie kleine Wassertropfen, kleine Energiekügelchen, die auf dich prallen. Kleine zarte Tropfen, die dich berühren und inspirieren.
So ist jeder kleine Tropfen gefüllt mit Energie, jeder Tropfen enthält Informationen für dich mehr und mehr, wenn du in Kontakt mit der Erde bist, wirst du es über deinen gesamten Körper spüren, wir versorgen dich mit liebevoller Energie und Informationen.
Stelle es dir nicht so wie einen Austausch vor, der hier gerade stattfindet. So ist es mehr ein leises Berühren und nicht ein lauter Aus-

tausch mit Worten. So wirst du mehr und mehr spüren, wie du sensibler wirst, für all das, was mit Berührung zu tun hat. So bitte ich dich noch einmal, dich daran zu erinnern, dass es gut ist, auch wenn du dich dafür nicht so öffnen magst, im Sommer deine Schuhe und deine Socken abzulegen. Die Erde direkt mit deinen Füßen zu berühren, ist nicht nur für sie ein wundervolles Ereignis, sondern auch uns und mir besonders würdest du helfen, damit sich unser Kontakt mehr und mehr aufbauen kann.
Ich bin hier Marie, Abgesandte, und so bin ich hier deine nächste Informationsquelle, so du willst. Zu dem was ich bereits sagte, kann ich dir keine genaueren Informationen und Hinweise geben. Du wirst es erleben müssen und nicht in einem kleinen Spaziergang über den Rasen, sondern über den direkten Kontakt. Es hat zu tun in der Tat mit Hingabe, wie es das Instrument sagte. Sich ganz und gar einem anderen hinzugeben. Dieser andere ist in dem Fall die Erde. Sie ist auch Brücke für mich und Brücke für uns.
So wirst du mich spüren. Ich bin mir sicher. Ich bin dir Marie und so gehe noch einmal mit deiner warmen und liebevollen Stimme in das Wort."

„Wie kann ich mir dein Aussehen vorstellen?"

„So ist es für mich durchaus möglich, so klein zu sein wie ein Insekt und auch die Form anzunehmen, die du als geradezu menschlich bezeichnen würdest. So ist uns gegeben, dass wir sind eine Art Gestaltwandler. Wir spielen mit Energie und machen sie uns zu Nutze.
So du die Idee eines Hauses im Kopf hast, kann ich dir sagen, dass es sinnvoll ist, eine Größe einzuplanen, die der eines Kindes im Alter von etwa fünf Jahren entspricht.
So ist das eine gute ausgedehnte Form, in der man sich hier so richtig präsentieren kann. Notwendig ist dies jedoch nicht. Auch wäre ein noch größeres Anwesen schön, um sich mal in seiner ganzen Pracht ausdehnen zu können, doch es würde ein Karton reichen, so groß, dass du hineinpasst und wir allesamt könnten uns so klein machen. Verstehst du, was ich meine?

Wir sind auch Künstler der Ausdehnung und der Wandlung. Es gibt hier sicherlich viel Spannendes, was man voneinander und miteinander lernen könnte. Doch wenn du erst einmal in die Tat übergehst, wisse, dass wir sind noch aktiver an deiner Seite, weil es ein großes Ereignis ist. Nie zuvor hat es das gegeben, dass jemand etwas für uns gebaut hat.

So könnte man sich vorstellen, dass man da beginnt und nimmt den letzten Stein, der aus dieser gemeinsamen Welt geblieben ist und dass man ihn mit anderen zusammenfügt und dass man die Erde als Mittel nimmt, um alles miteinander zu verbinden.
So wie es ist, so ist das ein wirklich wunderbarer Gedanke. Ich lasse dich nun mit diesem Gedanken dahin gehen wo du magst und hoffe, dass du in deinem Herzen noch Platz für Anderes hast. So wisse, es in der Tat noch nicht an der Zeit ist, alles miteinander verbinden zu können. So wisse, wir bereit und gewillt sind und ich werde von dem Austausch und der Wahrnehmung berichten, die ich hier zu dir und zu euch habe.
Ich bin wirklich sehr, sehr angenehm überrascht, dass es heute an diesem Tage so leicht ist, in den Kontakt zu treten mit dir und mit euch. So du magst, würde ich dich gerne begleiten und würde gerne den Tag mit dir verbringen, um uns ein bisschen besser kennenzulernen und zu verstehen - bis zur Dunkelheit, so du magst. Bist du dazu bereit?"

„Gerne."

„So bin ich an deiner Seite und werde mich ganz nahe bei dir halten, so dass ich in jedem Fall mitgenommen werde. Nicht, dass ich mich nicht selbst dorthin bewegen könnte. Nein, so ist es nicht. Doch es ist mir ein Bedürfnis, etwas näher und natürlich mit deiner Erlaubnis, mit dir in der Verbindung zu sein. Dieses besondere Ereignis noch ein bisschen länger mit dir zu teilen. So danke ich dir und möchte dir noch die Möglichkeit geben, falls du noch eine Frage oder eine Idee hast, mir diese mitzuteilen, bevor ich hier aus dem Instrument gehe."

„Bist du sonst auch auf meinem Grundstück oder bist du woanders?"

„So bin ich nicht an einem festen Ort. So bin ich eine Energie, die so es festgestellt wird, dass es ernsthafte Bewerber gibt, die sich um den Kontakt und um die Freundschaft zu uns bemühen, den Kontakt aufrechtzuerhalten, sie aufzunehmen und Freundschaft auszubauen.
So bin ich da, wo ich gebraucht werde, habe keinen Platz, an dem ich hauptsächlich zu finden bin. Womöglich habe ich deshalb gleich gesagt, es wäre wunderbar, es gäbe einen Ort, der genau dafür gedacht ist, was dir im Geiste vielleicht auch vorschwebt. So lass uns den Tag gemeinsam verbringen und lass uns austauschen. So versuche dir vorzustellen, dass ich überwiegend auf deiner linken Hälfte des Körpers zu finden bin. Ich werde mich in Schulter und Herznähe aufhalten, wenn es dir recht ist, und vielleicht auch im Nacken, wenn ich darf. So sind das Bereiche, in denen ich mich dir näher fühle, von denen ich hoffe, wir dann intensiveren Austausch miteinander haben.
So stelle dir vor, ich bin die kleine Frau im Ohr und flüstere dir etwas zu. Versuche nicht, es direkt als Wort zu verstehen, wie es hier gerade tönt aus dem Instrument. Nimm es wahr als leises Flüstern und es wird sich durch dein Ohr in dein Herz formen in das was es ist, aus der Wahrheit und aus der Liebe heraus wird sich der Satz und die Erkenntnis, die sich darin verbirgt, formen.
So danke ich dir hier ganz, ganz besonders für deine Offenheit, für deinen Mut.
Wichtig ist nur, dass du den Wunsch geäußert hast und dass er fest genug war und von Herzen gesandt, so dass ich vor der Dreiheit hier zu dir sprechen konnte und dass du diesen Kontakt erst möglich machtest für dich selbst und auch für mein Volk.
So ist hier große Freude ein viel zu kleines Wort und ich hoffe, dass ich dich an meiner Erfüllung und meiner Freude teilhaben lassen kann und dass sie sich später auch ganz und gar auf dich ausbreiten wird.

So geh ich nun aus diesem Instrument. Freue mich auf den Austausch, der sich nun von ganz alleine ergeben wird. Und so sei du mit deinen Augen offen für das, was ich bin und was ich dir möglicherweise zeigen darf. Vor allem sei bereit für Gefühle der besonderen Art. So ist es nicht alltäglich berührt zu werden von der Energieform, die ich hier verkörpere. Ich danke dir und sage dir: Bis gleich! Bis gleich! Bis gleich! Gott zum Gruße."

Maries Euphorie war ansteckend. Schon am nächsten Tag entwarf ich mehrere Varianten für ein gemeinsames Versammlungshaus. Schnell war mir klar: Es musste einen kreisförmigen Grundriss haben, musste aus Erde geformt werden. Schließlich war es für die Erde und für die erdnahen Energien, den „Kindern der Erde", gedacht.
Unschlüssig war ich, ob das gemeinsame Haus ein Dach in Form einer Kuppel aus Weiden bekommen sollte. Wurde es dadurch zu beengt, zu geschlossen?
Sollten die Weiden durch ein spiralförmig verlegtes Tau aus Hanf zusammengehalten werden?
Und der Eingang: Welche Form sollte der Eingang bekommen? Ich entschloss mich für eine offene Lösung, also ohne Dach! Das Haus sollte offen bleiben für alle Energien, die offen für eine Wiederverbindung aller Welten waren. Als Eingang wählte ich eine weibliche Variante. Die Öffnung war der Form einer Vagina nachempfunden.
Die Erde ist schließlich Weiblichkeit pur!

Wenige Tage später setzte ich meine Pläne um. Suchte mir einen geeigneten Platz aus, halb versteckt in meinem Garten und begann mit dem Bau des offenen Versammlungsraumes. Krönender Abschluss wurde unser gemeinsamer Schatz. Er sollte den Grundstein für unsere neue Verbindung legen.
Der Tag der Einweihung war gekommen. Gemeinsam mit Anja, mit der Dreiheit und mit den Kleinen Völkern weihten wir den

Raum. Möge er die Idee der Vereinigung der Welten symbolisieren und in die Welt tragen!
Von da ab begab ich mich fast täglich an unseren neuen Kraftplatz. Füllte ihn mit meiner Liebe und ließ meine Erwartungen zurück. Als Ausgleich füllte mich das Licht mit rosafarbigem Licht auf, die Erde mit grünem Licht. Der nächste Schritt hin zu mehr Licht war getan!

Marie zu ihrer Rolle als Mittlerin zwischen den Welten, zur Trennung der Welten und zu eigenen Tönen!

„Gott zum Gruße geliebte Seele. So bin ich dir hier willkommen, so hoffe ich jedenfalls, auch wenn ich spüre, dass das Instrument hier wackelig war, mir nicht so einfach gewährt hat, zu sprechen. So bin ich gekommen, die hier ist Marie.
So möchte ich versichern, dass ich komme aus guter Absicht. Aus tiefstem Herzen heraus bin ich in der Wahrhaftigkeit mit dem, was ich hier spreche. So gebe ich mich noch einmal deutlich zu erkennen, so dies dein Wunsch war.
So bin ich hier in der Tat eine, die ausgewählt wurde nicht nur allein von meinem Volk, sondern von allen jenen, die hier sind in den Bereichen des Unsichtbaren. So ich hier sprechen darf, brauche ich noch einmal das Einverständnis der beiden Seelen, die ihr hier in der Anwesenheit seid, dass ich offen und ehrlich zu euch sprechen darf.
So bitte ich dich, da das Instrument ja schon bereit war, zu sprechen, noch einmal für dich zu sprechen, was dein Wunsch und deine Absicht ist und um dein Einverständnis, mich noch einmal zu Wort kommen zu lassen."

„Ja ich bin damit einverstanden. Ich verstehe nicht, ob du auch für die Völker der Elfen und Feen sprichst?"

„So dank ich dir für dein Einverständnis. So ist die Sachlage hier nicht so ganz einfach. Sagen wir mal so: Es gibt untereinander zwischen all jenen, die du nennst Elfen und Feen und das KleineVolk, bleiben wir mal bei diesen drei Völkern, hier wohl auch freundschaftliche und verwandte Bande, wenn man das in euren Sprachgebrauch übertragen wollte. Doch es ist auch so, dass es hier Streitigkeiten gibt und sogar Feindschaften, die in der Tat gepflegt werden.

So bin ich in der Tat als Abgesandte dieser drei geschickt. Wobei ich erwähnen möchte, dass auch andere angefragt haben, ob sie nicht über mich zu euch sprechen könnten. Doch es geht mir hier ähnlich wie euch. So bin ich auch dieser Dreiheit angeschlossen. So scheint es hier auch mit der Zahl zu tun zu haben.

So bin ich in der Tat eine, die eine Freundin der Völker ist, was du benennst als jene, die Elfen und Feen genannt werden, aber nicht zusammengehören, ähnlich wie die, die du nennst das KleineVolk. So bin ich ausgewählt worden durch den ‚Kleinen Rat'. So hört sich dies klein an, und doch gibt es hier diesen inneren Zirkel, der sich zu einem späteren Zeitpunkt mit uns in Verbindung setzen wird. So bin ich noch einmal hier erschienen, um zu sprechen und um zu versichern, dass es hier durchaus das Bedürfnis gibt und dass es gewollt ist, einen Kontakt und eine Freundschaft auf ein Neues entstehen zu lassen.

So bin ich auch Mittlerin hier zwischen den Welten. Möchte nicht den Anschein erwecken, dass ich hier frech bin und mich hier vordrängle. Nein, so ist es nicht. So darfst du es nicht verstehen. Ich erwähne das nur, weil das Instrument vorerst etwas befangen eingenommen war und auch hier ihre Energie ganz auf mich konzentrierte.

So möchte ich hier ehrlich sein und sagen, dass die Dreiheit, wie sie euch präsentiert, ebenfalls in der Anwesenheit ist, und ich musste zuvor bei ihnen vorstellig werden, um hier sprechen zu können. Also wisse, dass auch sie sind einverstanden und dass auch sie sind dabei, so es ihnen möglich ist, hier Hilfe sein zu können bei dem, was hier möglicherweise durch unsere Zusammenkunft ent-

stehen kann. So hast du bereits erwähnt, dass es hier verschiedene Ausdrücke dafür gibt, was man uns hier als Form gegeben hat, als Energie. Wofür wer wohl zuständig ist und sogar mit Bildern wird hier nicht gespart.
So ist es schön zu sehen, dass es viele gibt, die sich darüber hier Gedanken machen. Doch ist hier ein Stückweit Enttäuschung wohl vorprogrammiert. Die Namen, die wir einst trugen, sagen wir mal, die unser Volk einst mitbekommen hat sind, wie bereits vermutet, für eure Ohren kaum hörbar. Es ist so wie mit einer Hundepfeife: Du kannst sie schon wahrnehmen und doch ist es in einer Frequenz, die sich für dein menschliches Ohr noch einmal ganz anders anhört.
So ist eine schlaue Seele darauf gekommen, die auch in Verbindung mit uns war, den ersten Ton, den ersten Klang, der aus ihm herauskam, wiederzugeben.
So sind diese Wortschöpfungen entstanden. Sie sind gut für uns, weil wir nun wissen, in welche Bereiche ihr uns einteilt. Doch haben wir, wie beim letzten Mal schon erwähnt, verschiedenste Formen, die wir annehmen können, um uns sichtbar zu machen, um uns zu zeigen, so dies dann nötig und möglich für das Gegenüber ist.
So darf ich dir mitteilen, dass es hier nicht für jeden gedacht ist, Verbindung zu halten und Verbindung zu uns herzustellen, da diese Gruppen, die sich bei uns gebildet haben, sehr misstrauisch geworden sind, besonders den Menschen gegenüber. Das ist es, was wir hier alle gemeinsam haben.
So ist der Kleine Rat ein weiteres Mal zusammengekommen, um über das letzte Gespräch zu beraten. So ist einstimmig befunden worden, dass es wunderbar ist, dass ich mich so weit aus dem Fenster heraus gewagt habe mit dem Bau eines Projektes. Vergesse nicht, dass es soll dir auch Hilfestellung sein, damit du in die Aktion kommst und dass du noch einmal auf eine andere Weise in die Berührung mit den Elementen kommst, dass du über diese Tätigkeit und Möglichkeit einen neuen Zugang zu uns über dein Tun finden kannst und wirst. So sind wir voller Freude, dass es

hier eine Neuerung gibt und dass du der erste wärest. So ist es beschlossene Sache, dass wir versuchen werden, unser Möglichstes dazu zu tun, diesen Kontakt und diese Freundschaft von Herzen einzugehen.

Die Energien, die im Rat gemeinsam vorhanden sind, sind über viele Zeitabläufe, auch in schwierigen Tagen, sich nicht aus dem Wege gegangen. Haben hier zusammengehalten, haben auch gelernt, Geheimnisse zu bewahren und zu tragen in dem Sinne, dass man eines Tages doch wieder an das höchste Gut anknüpfen kann und das ist es, was wir langsam in unserer Bevölkerung versuchen zu verbreiten. Ganz zart und ganz sacht, denn hier ist nicht wirklich Einstimmigkeit von allen Seiten zu spüren und zu hören.

So gibt es Stimmen, die sagen etwa: Das kann nur schiefgehen. Den Menschen sei nicht zu trauen. Große Wesen und große Worte und hier würde nichts gemacht von dem, was einst versprochen wurde. So hat es selbstverständlich immer wieder Menschen gegeben, die nach diesem Kontakt und nach Freundschaft gesucht haben und die sich dann aus den unterschiedlichsten Dinge, wieder abgewandt haben, so als wenn sie es einfach von heute auf morgen vergessen hätten.

Ja, auch weiterhin gibt es jene, die weiter versuchen, durch diese Schicht zu dringen, die aber noch sehr mit sich selbst beschäftigt sind und ein Stückweit in ihrer Fantasie steckengeblieben und die hier und da zu Übertreibungen neigen.

So haben wir auch darüber beratschlagt und nachgedacht, wie es wohl wäre für euch und wie es möglich ist, etwas an die Menschen heranzutragen?

Ich bin mir sicher, es bei den Menschen ähnliche Bedenken und Schwierigkeiten gibt. Doch die Menschen wissen nichts von den Unstimmigkeiten und von dem, was sich anfühlte wie ein Auseinanderbrechen der Welten, die einst zusammengehörten.

So liegen die Teile verstreut und so ist nicht zu sagen, wer welches Teil wieder aneinanderfügen könnte.

Wir wissen nicht, was der Leim sein kann und hoffen selber sehr, dass diese Grundsteinlegung, von der du sprachst und von der du

glaubst, es gebe hier einen besonderen Stein, den es in der Tat gibt, der aber hier nicht zu finden ist für dich. So ist dies doch symbolisch zu sehen. Du kannst hier einen neuen legen für das Haus. So wenn du und wenn wir gemeinsam das höchste Ziel für alle Welten erreichen wollen, ist es eine gute Absicht und Motivation für uns, weiter zu machen und darauf zu vertrauen, dass sich die Schleier gänzlich verziehen aus unserem Sein und dass hier mehr Möglichkeiten für alle Seiten vorhanden sein werden.
So spreche ich dir nun von dem Vorfall, der dich scheinbar interessiert. So gab es vor vielen Zeitabläufen ein Miteinander und so waren alle Welten ganz offensichtlich für jene, die dieser Erde teilhaftig waren, miteinander verbunden.
So gab es Freundschaften und so wurde gefeiert, so wurde Hand in Hand gearbeitet. Es gab keine Grenzen. Eines Tages gab es Menschenseelen, die sich selbst ermächtigten und bereichern wollten an den Energien, die nicht mehr das Ganze im Sinn hatten, sondern die Zusehens mehr und mehr auf sich selbst fixiert vergaßen, dass es eine Gemeinschaft aller ist. So haben sie versucht, hier Dinge für sich in Besitz zu nehmen, die ihnen nicht zustanden.
So hat jedes Volk von uns einen eigenen kleinen Schatz gehabt, den es zu bewahren und zu behüten gab. So ist es kein Geheimnis gewesen. So lagen unsere Schätze, ich möchte mal ein Bild geben, in einem kleinen Erdtempel verwahrt und sicher.
So war es immer ein heiliger Ort und so wurde dieser verehrt und respektiert. Doch diese Menschenseele, die sich dann an die Spitze der Menschenseelen beförderte, hatte keinen Schrecken davor, den heiligen Ort zu entweihen. Sich zu beschaffen, was sie begehrte und stelle dir nun einmal vor, dass sie nicht einmal etwas mit unseren kleinen Schätzen und Heiligtümern anfangen konnte, da diese nur in unserer eigenen Energie wirken und funktionieren.
So braucht es mehr als den Gegenstand an sich.
So du dir vorstellen kannst, sind all dies Gegenstände zutiefst mit unserem Volk und unserem Wissen verbunden gewesen.
Dieser Mensch hat sich das angeeignet in der Hoffnung, an unser Wissen, unsere Schätze anzuknüpfen, sich dies zu Nutze zu ma-

chen und ist dadurch sehr stark in einen Kampf geraten, der sich dann selbstverständlich auch auf die anderen Menschen ausgebreitet hat. So hat es hier eine einzige Person geschafft, dass sich unsere Reiche entzweit haben. So ist das Vertrauen nie mehr wieder hergestellt worden. So ist einer Menschenseele wohl nicht zu trauen, heißt es hier. Man müsse euch mit Vorsicht genießen und was kann ich als Beweis geben, dass du und dass ihr seid vertrauenswürdig? Hast du etwas, das du mir geben kannst? So bitte ich dich, hier zu Wort zu kommen."

„Es geht mir nicht um materielle Dinge. Ich möchte gerne mit euch Freundschaft schließen. Ich möchte euch und der Erde helfen. Ich möchte nicht mächtig durch euch werden."

„Es ist gut, wenn du sagst, du hast nicht vor, dir etwas anzueignen, was nicht deins ist oder dich nicht mächtiger durch unser Zutun machen. Dennoch wisse, es gibt etwas, was nicht so einfach von der Schulter zu schütteln ist.
So haben auch wir hier Vergangenheit und so haben wir hier Schmerz und Wunden erfahren, die noch lange nicht verheilt sind. So ist uns etwas abhanden gekommen, was für uns einen sehr hohen Wert und große Bedeutung hatte. Es ist nicht so, dass dadurch unser Wissen und unsere Kraft verlorengegangen ist, und doch ist es so, dass wir uns seitdem gespalten fühlen, geteilt.
Ein wichtiger Teil unserer Gemeinschaft fehlt. Er ist nicht zu ersetzen mit etwas Anderem. So waren es nicht einmal Gegenstände, die als besonders kostbar eingestuft wurden, sondern sie trugen eine bestimmte Energie, die wie gesagt, nicht für jeden zugänglich ist.
So sind die Dinge nie wieder zu uns zurückgekehrt und die Vermutung liegt nahe, dass es sich noch immer irgendwo in Menschenhand befindet und dass es uns selbstverständlich eine große Freude wäre und noch mehr, nicht auszudrücken mit Worten, wenn wir das zurückbekommen könnten, was uns genommen wurde. So wird es noch einige Zeit dauern, bis ich auch die vom Kleinen Rat ganz überzeugen kann, so ich denn ganz überzeugt

davon bin, was ihr hier vorhabt. Wenn du davon sprichst, dass du das weitergeben möchtest, was ich dir erzähle, was ist denn dabei deine Absicht?
So du hier noch mehr Menschenseelen auf eine Fährte bringst, so ist das Gefühl der Angst und des Erdrückt Werdens auf unserer Seite groß.
Ich kann nicht nachvollziehen, ob du eine Idee davon hast, doch es ist so, dass unsere Reiche deinen Reichen sehr nahe liegen, sie sind nur einen Fußschritt weit entfernt. So ist es jedenfalls in der Vorstellungskraft.
So gibt es hier Tore von denen du schon weißt und doch haben wir Angst, es könnten noch mehr Menschenseelen kommen und in die Reiche der Unsichtbaren eindringen. Also frage ich dich hier: Was bezweckst du damit, diese Nachrichten und Informationen aufzuschreiben?"

„Damit die Menschen überhaupt erfahren, dass es euch gibt und wie wichtig es ist, dass wir alle wieder vereint sind. Und sie nicht nur die oberflächliche Welt wahrnehmen, sondern auch die „unsichtbare" Welt."

„So ist dies interessant und doch ist die Antwort für mich nicht ganz klar. Für uns ist es lange Zeit gut gewesen, dass die Menschen an Märchengeschichten glaubten und dass sie darüber schmunzeln können, wenn jemand mit wahrhaftigen Geschichten kommt.
So war dies für uns auch ein Schutz. So befinden wir uns ein Stückweit in Bereichen, denen ihr teilhaftig seid, jedoch ist es so, dass wir wirklich in Sorge sind, wenn die Menschen mit der Nase direkt auf uns gestoßen werden. Ja, auch hier geht die Frage um: Ist es denn wichtig, dass wir mit euch in den Kontakt kommen? Ist es denn wichtig, an die alten Zeiten, die doch nun schon lange her sind, anknüpfen zu wollen? Das, was liegt zwischen uns, zu verbinden?
Aber ich bin hier überfragt. Bin überfragt, wenn es hier um das Verbindungsglied geht. Was ist es, das uns Sicherheit geben könnte?

Du hast hier nicht die Möglichkeit für all jene zu sprechen, die du dann informierst. Du kannst nicht genau sagen, dass du uns beschützen wirst, wenn es denn nötig wäre. So, wo bleiben wir? Was sollen wir tun?
Und so verstehst du vielleicht ein Stückweit, dass die Menschen sind selbst Schuld an dem, was geschehen ist. Sie stellen sich über alles und reißen die Macht an sich. Das scheint den Menschen innezuwohnen: Sich zu bereichern und das, was ist nicht sichtbar, abzutun, selbst wenn sie hier Vorteile davon haben könnten. So muss ich dich noch einmal fragen: Was könnte hier neue Hoffnung sein?
Was könnte ich hier erzählen beim Rat, dass sie sich darauf einlassen würden? So ist diese Frage mit dem Weitergeben scheinbar heikler, als zuerst angenommen. So frage ich dich noch einmal."

„Wir könnten schon eine Auswahl treffen, wer überhaupt mehr wissen sollte. Man könnte das Wissen über euch auch in Form eines Märchens aufschreiben, so dass vielen nicht klar ist, ob es Wirklichkeit ist."

„So ist es gut. Wir mögen Märchen sehr, und doch frage ich mich hier: Wozu würde all dieses dienen, außer womöglich uns in dieser kleinen Runde, die wir sind, auszutauschen, sozusagen eine kleine Freundschaft pflegen? Gut wenn du sagst, du könntest uns beschützen, aber es ist nicht wirklich möglich. Man kann nie wirklich unterscheiden zwischen dem, was gut ist und angemessen und dem, was zuerst so erscheint und dann alles doch noch in ein größeres Chaos bringen würde.
So ist meine Botschaft hier für dich und für euch, noch ein wenig in der Geduld zu sein mit den Energien, die wir sind und die wir verkörpern. Es ist mir selbstverständlich bewusst, dass wir zusammengehören, auch wenn es hier nicht private Treffen und Gruppen gibt, offensichtlich gepflegte Freundschaften.
So kannst du dir vorstellen, dass all jene, die davon erzählen, häufig jene sind, die es sich sehr wünschen und sich auch mit ihrem fälschlich erworbenen Wissen nach oben stellen wollen. Somit auch

Macht an sich reißen. So ist hier das Instrument von uns gewählt, weil wir bei ihr hier Sicherheit haben, dass sie eben nicht hinausgeht. Sie stellt sich hier nicht hin und sagt: Ich bin diese und jene. Dass ist es, warum sie uns ebenso zugetan ist. Wir fordern nicht dieses und erwarten nicht jenes. So bin ich dabei gut Wetter zu machen, aber es ist nicht so einfach. Ich habe beim letzten Mal gemerkt, dass ich so voller Freude war, aufgeregt etwas zu können, was die anderen aus meinem Volk nicht können und dürfen; den Kontakt mit euch zu halten.

So ist es schön, dass ich bei dir willkommen bin und bei euch und danke dir, dass du dir schon die Mühe gemacht hast, etwas vorzubereiten für den Versammlungsraum.

So wisse, dass sie da sind und dass sie dich ganz besonders beobachten in dem, was du tust und fühlst und versuchen, deine Absicht zu überprüfen. Ob du wirklich bereit bist und reinen Herzens, dich an die Liebe zu allem und zu uns zu erinnern.

So ist auch bei uns schon lange eine große Auswahl getroffen worden, mit wem es sich überhaupt kommunizieren ließe. So scheinst du einer Energie besonders gut gefallen zu haben und so bist du auf diese Fährte gebracht worden.

So möchte ich dich davon auch nicht abbringen, möchte aber den Hinweis darauf geben, dass es mit Vorsicht zu behandeln ist. Die Idee, es wie ein Märchen aufzuschreiben, wenn du es denn überhaupt willst, ist auch eine gute Idee.

So kann man nicht genau sagen, wen es denn genau anspricht und wen nicht. Letztendlich ist es wohl auch in der Tat so, dass wir unsere Furcht vor dem was war, ablegen müssen und neu Vertrauen schöpfen zu jenen, die ernsthaft interessiert sind. So frage ich dich hier: Was sind denn deine Wünsche bezüglich des Buches? Was kann ich dir hier zuerst mitteilen?"

„Welcher Mensch hat euren Schatz gestohlen?
Von welchem Volk war er?
Wisst ihr, wo der Schatz sein könnte? Wenn ja, könnte ich mich auf die Suche begeben."

„So ist dies ein nettes Angebot. So kann ich dir sagen, dass es viele gab, die versucht haben hier nach dem Ausschau zu halten, was uns heilig war. Wir haben sogar verschiedenste Energien ausgesandt, um zu spüren, ob die Energie unserer Heiligtümer noch aktiv ist oder ob sie erloschen ist durch den Verlust ihrer Behausung und durch den Verlust des Volkes ebenso.
So ist kein Impuls mehr wahrgenommen worden. So waren auch diese Gegenstände beseelt und es ist mit der Zeit so, als wenn die Energie unterbrochen wurde nach so langer Zeit. Sie ist wahrscheinlich eingeschlafen, von uns gegangen, gestorben, wenn du so willst. So ist für uns kein Impuls mehr zu erkennen und wahrzunehmen. Und sei sicher, wir haben uns sehr bemüht.
Die Energie jener Menschenseelen, die wir damit meinten, gab es vor sehr langer Zeit, als die ersten Menschenstämme sich hier zusammengetan haben. Sein Name wird dir nichts sagen. Keine Geschichtsbücher haben ihn aufgeschrieben.
Sein Name war Rohan. So ist er eine Energie gewesen, die sich gut zu tarnen vermochte, ein guter Freund zu sein schien und die sich leider hat ganz und gar ins Gegenteil gekehrt. Er hatte so viel Einfluss auf die Stämme, die er sich selbst untergeordnet hat und es gab für uns hier kein Zusammenkommen mehr. Das Misstrauen war viel zu groß.
Wir haben in der Tat einen Kampf geführt. So wie man kämpft, so hat es auf allen Seiten Verluste gegeben.
So ist es für uns ganz klar gewesen, dass es für uns nie wieder sein kann, wie es einmal war.
Dennoch ist der Kleine Rat davon überzeugt, dass es von Wichtigkeit ist, dass zumindest eine kleine Tür offengelassen wird. Und doch wird diese kleine Tür hier gut bewacht und so ist hier nur mit Taten zu zeigen, wie loyal du wirklich bist.
So bist du auch mit Farn vertraut, der in der Tat eine Energie ist, die sehr aktiv und sehr bemüht ist. So liegt es nicht an ihm, dass ihm Einhalt geboten wurde, sondern auch er muss sich gewissen Regeln hier fügen, genauso wie ich. So weiß ich, dass es dein Wunsch ist, dass wir mehr für euch oder für dich in das Sichtbare

kommen. So ist hier ein kleines Problem: Wir brauchen unheimlich viel Energie, um uns durch dieses dichte Feld zu bewegen, diese Schutzschicht zu durchbrechen. So ist dieses alleine einer Energieform gar nicht möglich. So könnte dieses ganze Unterfangen nur noch einmal gelingen, wenn sich mehrere zusammentun. Selbst der ‚Hohe Rat' mit seinen Energien würde hier nicht ausreichen. Und Farn sprach dir auch bereits von den Schwierigkeiten. Ich habe ihn einmal gefragt, wie es ihm überhaupt gelungen ist?
So sagte er, es sei mehr oder weniger ein Experiment was zufällig geklappt hat und was, du wirst dich wundern, in der Tat mit der Energie zu tun hat, die geht von männlich und weiblich aus. So du bist männlich und weiblich und bist eine ganz kraftvolle runde Energie, so hast du hier Möglichkeiten, diesen Ballon aufzublasen und aus dir selbst heraus ein männlich-weibliches Kraftfeld zu schaffen.
Als die Energie sich dir zeigen konnte, war allerdings die weibliche Energie an seiner Seite ein wesentlicher Teil, warum es Farn gelang, sich dir zeigen zu können. Um dich zu ermuntern, und um zu wissen, ob du motiviert genug bist, dran zu bleiben. Es hat deine Neugier zurecht gerückt und das ist gut so.
So ist er dort Botschafter und trotzdem, auch wenn es bei uns nicht darum geht, besser als der andere zu sein, bin ich hier jene, die im Geheimen ausgeschickt wurde von dieser Dreiheit unserer Völker. So möchte ich dich vorerst noch darum bitten, dass du mit Aufzeichnungen wartest. Du kannst sie selbstverständlich schon tätigen, jedoch über die Form und die Idee möchte ich es gerne und dringend beim Rat vortragen.
Das Einverständnis von mir kann ich hier wohl geben und auch meine Idee mit dem Haus wurde hier wohlwollend angenommen. Doch: Presche nicht zu weit voran. Ich darf dir ebenfalls mitteilen, dass die Dreiheit in der Anwesenheit ist, die du kennst als die neue Dreiheit. Sie sind ebenfalls der gleichen Meinung, dass es gut ist, über sie zu sprechen, doch sie merken, dass es mehr Verwirrung schafft, als Zulauf zu den Energien. So ist es gut, die Sprachwahl etwas allgemeiner zu halten. Nicht im Einzelnen über die Lage der

Energien zu sprechen, sondern sich etwas anderes dafür einfallen zu lassen, solange bis die Menschen offener und bereit für die Informationen sind, die du, die ihr jetzt schon in ungefilterter Form erhalten könnt.
So wisse, die Menschen sind auch vorsichtig und sind skeptisch solchen Dingen gegenüber. So weiß ich, dass du rast voran in der Zeit und dass es für euch dieses Datum gibt (2012). Für uns hat es keine Bedeutung. So ist es vielmals: Es geht so lange, wie es geht und wenn der richtige Zeitpunkt und Impuls vorhanden ist, dann wird sich eine neue Tür öffnen. So hoffe ich, dass ich dir einen kleinen Anreizpunkt gegeben habe, wie du zukünftig in Gespräche besser eintauchen kannst, wenn es auch um die Dreiheit geht. Dass du es offener lässt und dass du vielleicht neue Wege findest, darüber zu sprechen, dich mitzuteilen, wenn dies dein Wunsch und dein Bedürfnis ist.
So möchte ich dir nun wieder das Wort geben und möchte weiter fragen: Was hast du noch auf deinem schönen Herzen?“

„Welche Aufgabe haben die Völker der Elfen und Feen? Ist es wie in den Büchern beschrieben?“

„Ich weiß nicht von welchen Büchern du genau sprichst. So frage ich dich: Was hast du als Mensch denn für eine Aufgabe?“

„Himmel und Erde miteinander zu verbinden.“

„So ist dies die Aufgabe hier von allen. So ist dies nicht alleine deine Aufgabe, so ist das für jeden angedacht und gewünscht, dies zu erkennen und dies zu verinnerlichen. So dachte ich bereits gesagt zu haben, dass viele die über uns schreiben und tun, als ob sie uns so gut kennen, nicht genau wissen, wovon sie sprechen. Sie haben Eindrücke und Ideen und vermengen dies mit ihrer Fantasie. Das ist auch gut und in Ordnung, doch unsere Aufgaben sind so unterschiedlich wie bei den Menschen.
Wir sind alle verbunden mit den Elementen; genauso wie jeder einzelne von euch tragen wir ein Element mehr, als ein anderes. So sind wir nicht nur jene, die für Bereiche zuständig sind, die unter

der Erde oder in astralen Welten liegen. Auch wir haben Daseinsberechtigung. Wir fragen uns auch: Was ist wohl eure Aufgabe hier als Mensch, außer, dass ihr die ganze Erde verwüstet?
Nein, so allgemein will ich das gar nicht ausdrücken, doch es geht hier im Allgemeinen gar nicht darum, was ursprünglich die Aufgabe war? Und wofür ist wer zuständig? Sondern die Rollen werden völlig neu verteilt. Jedenfalls ist das in unseren Bereichen so. So ist es wohl wahr, dass wir stärker mit der Natur verbunden sind, dennoch ist es nicht so ein großer Unterschied zu euch. Viele haben ihre Bestimmung verloren und viele sind auf der Suche nach einem Sinn für sich und auch für ihr Volk. So haben wir viele Zeitabläufe sehr gut ohne euch gelebt.
So ist die Frage tatsächlich: Was würde es uns bringen? So sind wir uns darüber nicht im Klaren.
So haben wir auch von eurer Dreiheit gehört, die es in dieser Form auch für uns gibt, wie sie uns bestätigt haben. Wir erkennen an, dass es wohl neue Möglichkeiten gibt, hier Verbindungen zu schaffen. Alles wieder herzustellen, wie es einmal war, und doch ist die Skepsis noch zu groß, um schon große Pläne zu machen. So beginnen wir mit den kleinen.
So ist jener Plan schön, den du hier mitgebracht hast. Ich kann dir anbieten, dass wir in Kontakt bleiben und dass ich versuchen werde, den „Rat" zu überzeugen, dass es sich lohnt hier Energien zu bündeln. Doch versprechen kann ich nichts, weil es dazu durchaus mehr Energie bedarf als wir gerade abdecken könnten.
Ich möchte von dir auch wissen, warum es so wichtig für dich ist, dass du das Bild von uns hast, wie wir aussehen könnten? Ich teilte dir doch bereits mit, dass wir in der Lage sind, verschiedenste Formen anzunehmen. Was genau ist es, was du wirklich brauchst und willst hier? Als Bestätigung oder wofür brauchst du es?"

„Nein, ein äußeres Bild wie bei Farn hilft mir in der Vorstellung bei der Kontaktaufnahme für mich und ist für mich eine eigene Energie, dass ich ihn auch erkenne. Es wäre schön, wenn ich auch von dir ein Bild in meiner Vorstellung hätte."

„Da ich dir bereits davon sprach, dass Farn sich in dem Moment männliche und weibliche Energie zu Nutze gemacht hat, um zu transformieren, möchte ich noch einmal darauf hinweisen, dass es ein Experiment und eher Zufall war, dass dies gelang. Er versucht in der Tat weiter daran zu arbeiten, nicht nur für dich, um dich zu erfreuen, sondern weil er dann auch deiner Welt teilhaftig sein könnte.
Die Form, die ich trage als Impuls zu vermitteln ist möglich. Dir ein Bild auf den Geist zu unterlegen auch. Ich kann aber nicht versprechen, dass es bei dir auch als die Form ankommt, die du dir von mir zu sehen wünscht. Eine wirklich feste Form als dein Gegenüber kann ich dir leider nicht anbieten.
So wird es bei dem, was es war von Anfang an, eine Berührung, ein Lufthauch, ein Prickeln und ein Kitzeln bleiben müssen. Mit der Beschreibung, wo ich bin und dass ich es bin. So sind viele Energien hier nicht in der Lage, sich zu manifestieren, und doch sind sie in der Lage, Informationen an dich heranzutragen.
So werde ich versuchen, dir ein Bild von mir auf den Geist zu legen. So du willst, versuche es zu empfangen. So nehme dir einen Moment Zeit. Ich werde in die Stille gehen und werde versuchen, so viel Energie, wie es mir möglich ist, in den Raum zu geben, aus dem Instrument hinaus und dir auf den Geist. Dann kannst du vielleicht ein Stückweit erahnen, wie ich in einer festen Form in einer realen Welt aussehe.
Bist du einverstanden mit dieser Idee?"

„Ja."

„So fange ich an, mich ein Stückweit zu verdeutlichen als Form und hoffe, dass du den Impuls in dir drin spürst. So frage ich dich hier: Was nimmst du wahr?"

„Ich nehme nur ein Gefühl im Herzen und im Hals wahr."

„So gebe ich dir das Bild, wie du mich sehen könntest als ein eher menschliches Wesen. So ich bin von heller und dunkler Natur. So würde es dir erscheinen. Die Haut ist fast weiß und das Haar ist

sehr dunkel, fast schwarz. So ist hier nicht viel Farbe von Nöten. Der Kontrast ist sehr stark. So ist alles an mir sehr zart und fein. So ist es mehr wie ein Hauch als eine feste Form.
So gebe ich dir das Bild verbunden mit mir als eine Idee, die in dir wachsen und entstehen kann. Und so bin ich auf eine besonders liebevolle Art und Weise mit dir verbunden. Danke dir, dass du jener bist, der vorsichtig und zart und auch wirklich vertrauenswürdig ist. Doch ist dies nur meine Meinung, und so spreche ich hier natürlich nur für mich allein und ich würde dieses gerne ein weiteres Mal vortragen und bin mir nicht ganz sicher, was ich tun könnte, um meinem eigenen Gefühl mehr Ausdruck zu verleihen, dass ich wirklich überzeugt davon bin, dass es gut ist, mit euch weiterhin zusammenzuarbeiten und den Menschen, die ihr hier mir und uns präsentiert, Glauben zu schenken.
So ist hier vorerst nicht viel mehr zu sprechen. So habe ich das größte Geheimnis hier preisgegeben: Dass wir das verloren haben, was uns heilig war und dass sich dafür nie wieder ein anderer Ersatz wird finden können. So sind es Reliquien aus uralter Zeit, aus den Anfängen gewesen und so ist es vielleicht auch so gewollt gewesen, dass die Energie erloschen ist.
Wer weiß, vielleicht ruht sie irgendwo und wird eines Tages, wenn es denn für uns vorgesehen ist, wieder entdeckt werden. Große Dankbarkeit spreche ich dir aus, dass du angeboten hast, wenn es denn nun sicher wäre, dass es sie noch gibt hier auf Erden, dass du dich dann auf die Suche danach machen würdest. So haben wir es erfolglos getan und dennoch wisse, dass es neue Zeiten gibt und dass es neue Heiligtümer geben wird, sowohl für euch als auch für uns. Schön ist, dass du hier zumindest schon auf Papier und in Gedanken und sogar noch einen Schritt weiter in der Natur eine Möglichkeit und einen Raum schaffst. So ist dies ein großes Geschenk. Und so ist unser Verständnis dafür so, dass du uns etwas zurückgibst, was uns hier wurde von einem Menschen, und in dem Falle einem Mann, genommen wurde.
So bringst du hier ein großes Geschenk und gibst einen Vorschuss, um einzurenken und einzulenken, was hier auseinandergebrochen

ist und bist bereit, hiermit ein neues Fundament zu setzen. So wisse, dass du von mir geliebt wirst und dass du Achtung und Anerkennung von den Völkern hast, die ich vertrete. Wisse, dass es Möglichkeiten gibt, über Töne zu kommunizieren, dessen bist du dir wohl im Klaren und dennoch hast du hier selber noch keinen Zugang dazu. So ist dies ein abschließender Hinweis für dich, auch wenn du dich nicht gerade für besonders musikalisch hältst. So gibt es hier auch für dich etwas, was dich antreiben könnte, deine Sinne ins oberste Kästchen hoch zu locken und nicht im Keller stehen zu lassen.

So beschaffe dir doch ein kleines Instrument, mit dem du dich anfreunden könntest. Und wenn du es nur hin und wieder mal benutzt. Es ist wie mit der Natur: Wenn du sie nicht berührst und nur anschaust, kommst du nicht wirklich in die Verbindung. Du weißt doch um die heiligen Klänge nicht wahr?

So ist dies ein Hinweis noch Mal zu schauen, wie du deine Weltsonate spielen kannst und wo du anknüpfst. Wo ist der Ton, der dich berührt und öffnet?

Und so hast du hier eine neue Möglichkeit, wenn du willst, an der Hand, dir hier die Zugänge zu anderen Welten mit deinen eigenen Tönen zu erspielen. So ist das ein Hinweis und ein gut gemeinter Rat, der auch für das Instrument gilt. Bei ihr weiß ich, dass sie sich das so sehr wünscht und dass es aber bisher noch nicht gereicht hat, um an ihren Wunsch genügend nah heran zu kommen. Doch sie weiß, dass sie mit diesen Tönen, wenn sie ihre Harfe hat, neue Portale öffnen kann, die nicht nur für sie wirksam sind, sondern auch der Erde dienen - ganz besonders der Verständigung zwischen unseren Völkern. So ist es gut, wenn du, wenn ihr Unterstützung bekommt, euch auf einen neuen Weg zu machen, zu glauben, dass es Unterstützung und Hilfe gibt und dass ihr Freundschaft und Vertrauen vorlebt.

Wisse, ich bin immer bereit, mit dir in den Kontakt zu treten.

So wisse, wenn du mich rufst, vernimmst du mich an den Stellen, die ich dir sagte. Und so versuche einfach draufloszureden. Stell Fragen und spür in dein Innerstes hinein und spüre, was kommt

und tu es nicht gleich beiseite. So bin ich dir an der Seite, um zu üben, den Kontakt auszubauen. So wird es wie alles andere nicht von heute auf morgen gehen. So wird es auch sein, dass du dein eigenes Wunschbild mit hineingibst und doch wirst du mehr und mehr spüren, was die Wahrheit ist und was dein Wunsch und deine Vorstellung ist.
So gehe ich nun in Liebe und verabschiede mich in Demut und in Freude und Dankbarkeit. Hoffe auf ein baldiges Wiedersehen und -hören und danke dir für dein offenes und weites Herz. Gott zum Gruße."

Nach der Botschafterin der 3 Kleinen Völker kommt abschließend noch einmal das Licht zu Wort, um die Frage zu klären, warum aus ihrer Sicht eine Zusammenarbeit mit den Kleinen Völkern für die Erde von so großer Wichtigkeit ist.

Das Licht zu Auswirkungen der Zusammenarbeit mit den Kleinen Völkern

„Bisher gehe ich davon aus, dass ich versprochen habe, den Kleinen Völkern bei Schwierigkeiten zu helfen.
Warum gelingt es mir nicht mit ihnen zu kommunizieren? Und wofür ist eine Zusammenarbeit für die Erde und für alles überhaupt wichtig? Welche neuen Möglichkeiten erwachsen aus einer Verbindung?"

„So hast du hier reichhaltig zusammengefasst, was dich wohl sehr zu beschäftigen scheint. So nehme ich hier Bezug auf deine

erste Frage. Selbstverständlich bist du in verschiedenen Inkarnationen gewesen, hast Wissen angehäuft und hast in unterschiedlichen Feldern und Völkern gelebt ebenso.
So ist es nicht verwunderlich, dass du dich hier nicht sofort an Einzelheiten erinnern kannst. So war der Weg gut, Menschen zu finden, die dir helfen können, dich zu erinnern. So ist es hier dein Wunsch gewesen, wenn es nötig wäre und deiner Seele dienlich, dich mit dem zu befassen, was du denn dem Kleinen Volk als Wort gegeben hast? So hast du hier Erfahrungen gemacht und gesammelt, die deinem Inneren sehr wohl entsprachen. So hast du dich wohl gefühlt, mehr als wohl möchte ich nicht sagen, aber doch sehr wohl wie in vielen anderen Inkarnationen nicht. So ist der Wunsch von Herz und Seele gewesen, noch einmal auf andere Art und Weise hier zurückkehren zu können.
So verstehe ich, dass du nicht überaus glücklich mit den Entwicklungsschritten bist, und doch kann ich dir hierzu nur sagen, dass in früheren Zeitabläufen deines Lebens, deiner Leben, viel mehr Geduld gefordert wurde, sich Wissen und Verständnis anzueignen und sich auf die andere Seite vorzubereiten.
So hast du in deinem jetzigen Leben große Ansprüche an dich selbst gestellt, sozusagen bist du aus der Spur geraten, von der Geduld bist du hier in die Hast gegangen. Du glaubst, Zeit sei da und Zeit sei schnell auch vergangen, läuft dir davon. Du gibst ihr einfach eine Bedeutung, die sie so nicht hat. So hast du hier den Wunsch, in den Kontakt zu treten."

„ Ich habe nicht den Eindruck, etwas zu verstehen."

„Wo versuchst du es zu verstehen? So ist die Frage zu überflüssig nicht wahr? So bist du bereit, alles aufzumachen, ich weiß das sehr wohl, und doch sind noch Schranken vorhanden, die dich daran hindern. Doch sag, spürst du es in deinem Herzen? Ist es noch ein Herzenswunsch?
Nur dann geht es direkt in deinen Kopf hinein, und da versuchst du, Verständnisse zu erlangen."

„Im Moment ist der Herzenswunsch schwächer geworden, weil ich den Eindruck habe, dass die Kommunikationsversuche mit Farn schwächer geworden sind und dass nach der letzten Durchgabe, das KleineVolk nicht wirklich interessiert ist, Freundschaften zu haben, weil sie gar nicht wissen wozu. Das hat mein Herz wieder etwas geschlossen."

„So hast du aber doch hier Erwartungen an andere, sich frei zu fühlen und auch, dir Vertrauen zu schenken. Sag mir jetzt, wie viel Vertrauen schenkst du dir selber, wenn du dich die letzten Wochen, Monate anschaust, würdest du dir einfach so vertrauen? Und wärst du, wenn du dich selber beschaust, eine liebevolle Energie, der man sofort grenzenloses, liebevolles Vertrauen schenken kann? So verstehst du vielleicht ein Stückweit mehr, dass es mehr bedarf als ein paar schöne Worte und Zusagen und Versicherungen. So hängt es hier auch nicht allein an dir.
So wisse, dass es sehr viel mehr menschliche Energien gibt, die auch gewillt sind, hier Kontakt zu haben, die sich ähnlich sehnen wie du und die doch auch dahinter schauen wollen, was es dort zu lernen und zu erfahren gibt. Und auch jene Energien reichen hier nicht aus, um eine deutliche Veränderung des Gleichgewichts zu bewirken.
Momentan sind auf beiden Seiten eure Waagschalen noch nicht genug gefüllt. So ist es, wenn überhaupt möglich, dass in kleinen Schritten etwas entstehen kann, etwas, das du nennst Freundschaft. So hatte ich versucht, Dinge mit dem Licht zu erwecken und ihnen einen Impuls zu geben, sich in einer Welt zu befinden, die ihr Erde nennt.
So hast du wirklich geglaubt, dass es hier einen Plan gibt der entworfen wurde und in dem jeder eine feste Rolle hat? Und wenn er sie nicht spielt, was dann? Glaubst du, ihm wird dann gekündigt hier? Nein, so ist es nicht.
Ich möchte dir hier versichern, dass all das, was um dich herum entstanden ist, sichtbar und nicht sichtbar, aus dem Impuls der Liebe und des Schaffens entstand. Dass es etwas geben kann, das

schöner und eindrucksvoller ist, und dass man erleben und erfahren kann auf vielerlei Ebenen. So hast du das Licht gesehen. So hast du Licht erfahren. Du hast dich gewundert und du hast sogar vielerlei Erlebnisse mit dem Licht gehabt. Hast aber nicht versucht, es in dir drinnen zu fühlen, sondern du hast deinen Verstand versucht zu gebrauchen, um zu verstehen, auch um das zu kontrollieren, was um dich herum geschieht.
So ist das Vertrauen, das ich in dir erwecken möchte, schon vorhanden, und doch ist es noch nicht ganz eröffnet. So bitte ich dich hier noch einmal in das Wort zu kommen.
So ist es für dich in deiner Welt möglich, Hingabe zu geben, ohne dass du von einer anderen Seite eine Gegenleistung erwartest, aber das tust du. Du hast diese Erwartung und meine Frage ist hier: Was wärst du hier bereit zu geben für all das was ist, sagen wir das ‚göttliche Licht', um dir hier einen Strang zu reichen, der dich vielleicht wieder mit dem Weg vertraut macht?
So gib mir bitte einen Hinweis hierzu."

„Ich weiß nicht, was ich bereit sein könnte, zu geben."

„So frag ich dich hier: Bist du für dich, du der du bist sitzend bereit, dein Leben in die Hand zu nehmen und das Glück, was ich hier vor dich hinlege mit all dem Sein zu greifen und das Beste für dich daraus zu machen, ohne zu hinterfragen, was gut ist?
Wem diene ich denn damit?
Bist du bereit, das Licht in dich aufzunehmen für dich ganz allein und dein Leben glücklicher in die Hand zu nehmen, als du es bisher getan hast?"

„Ja."

„So ist hier der Schritt vollzogen, der nötig ist, um den Kontakt in alle anderen Bereiche durchlässiger und fließender laufen zu lassen. So bist du der Verhinderung damit ein Stück entronnen, und doch wird es leicht sein, wieder in diese Spur zurückzufallen. Es geht nur um dich. So ist es schon immer gewesen, dass erst einmal jeder sein eigenes Feld bereiten muss und sein eigenes Potential eröffnen, um dann wirklich das strahlende Licht, das ihn umgibt, auch nach außen sichtbar zu tragen, ohne Worte. So bedarf es nicht der Worte, sondern der Energie des Lichtes. So wärst du bereit, für dich selber genug Licht zu sein um erst einmal dich selber auszufüllen und dann zu strahlen ohne Worte gebrauchen zu müssen, ist das für dich hier eine Möglichkeit?"

„Ja. Ich wollte eigentlich sagen: Ja, aber ich weiß nicht wie."

„So kommen wir der Sache näher. So ist hier die Möglichkeit gegeben worden durch dieses Instrument und so fühle hier noch einmal neu. So hast du bereits viele Techniken und Theorien angewandt nicht wahr, und doch hast du noch nicht ein einziges Mal intensiv versucht, dich dem, was ist alles, hinzugeben. So geb ich dir noch einmal den Impuls abzutauchen in die Tiefe deines Seins, was ebenfalls deine höchsten Höhen und dein schönstes Licht beinhaltet. Du bist hier alles.
Nichts wird angenommen werden von anderen, solange du nicht wirklich ganz präsent, ganz und gar du bist, voller Licht und Liebe, ohne Erwartungen, ohne Anspruch. So kann man hier nur bei sich selbst beginnen.
Wenn ich hier auf das Kleine Volk schaue, kann ich dir nur versichern, dass ebenfalls auf ihrer Seite Probleme auftauchen, dass es sich dort ebenso verhält wie bei dir. Da gibt es Möglichkeiten, das Brett vor dem Kopf los zu werden, doch ist es schwierig, wenn man sich nicht in seinem Zentrum befindet, in der Mitte. So weiß ich zufällig ganz genau, dass es diese neue Dreiheit gibt, die sich aus Liebe zusammengetan hat, um zu zentrieren und um die Liebe in der eigenen Mitte zu finden. Viele Male ist hier bereits gesprochen worden von Hinweisen und von Möglichkeiten, doch ist mir mehr und mehr klar, dass es sind Worte, die du wohl wahrnimmst und die du auch empfindest in dir, die doch noch dabei sind, in dein Innerstes durchzusickern, um die eisernen Verhärtungen der vielen Inkarnation ganz und gar abzustreifen .
Selbstverständlich ist schon damit geholfen, dass du bereitwillig in die Verbindung gehst, dass du hier dieses wunderbare Geschenk

anbietest. Wisse, dass auch ich bin davon sehr begeistert und berührt.
So ist dies authentisch gewesen, was du hier hinein gegeben hast an Energie, die du bist, und du weißt selber, dass du bist alles das was ist, auch wenn dir hier Anteile nicht gefallen. So sind sie da und so haben auch sie ihr Recht da zu sein. Ich möchte darauf zurückkommen, dass du diesen Wunsch hattest, der jedoch nicht vom Kleinen Volk als Erwartungshaltung zu verstehen ist und auch bisher nie in Anspruch genommen wurde.
So geht es hier um Liebe und Vertrauen. Solange du nicht selber ganz und gar diese Liebe und das Vertrauen bist, ist hier nicht wirklich Kommunikation für alle Völker die hier gemeinsam leben, möglich. Ich bin selber dabei, auch in verschiedenste Bereiche einzutauchen und zu spüren, dass die Menschen nach und nach verstanden haben, was ihr Dasein ist und was ihre Absicht ist. Sie driften ab und sie vergessen alles das, was an Schönheit in ihnen wohnt und versuchen, es zu übertünchen mit einem Abbild von etwas.
So ist hier das, was ich pur nenne verloren gegangen.
So bist du auf eine Art und Weise schon sehr pur. So bist du in sehr Vielem schon sehr authentisch und dennoch sind die Verhinderungen da. So kann ich dir raten, was du gerade bereits tust; du fühlst, du sitzt auf der Erde, die Sonne berührt dich. Das was ich bin, berührt dich. Ich bin das Licht. So versuche, dich mit jeder einzelnen Faser deines Körpers davon berühren zu lassen, und nicht nur außerhalb, sondern versuche, die Energie in dich hinein zu saugen, so als wärst du ein Schwamm.
Füll dich auf mit mir. Spür den Boden unter deinen Füßen, und spür ihn in deinen Händen. Es wäre auch gut, deinen Körper daran teilhaben zu lassen.
So versuche nicht das, was du dir wünschst, im Außen zu erlangen von einer anderen Energie oder Person, sondern versuche nach wie vor, bei dir selbst und mit dir selbst glücklich zu sein. Und hier sind wir schon bei dem nächsten Brett. Du bist dabei, dass du nicht mehr den Kontakt findest, den du dir wünscht."

„Ich werde auch nicht jünger. Wenn ich helfen könnte, sollte dies in den nächsten zwei Jahren passieren, zumindest als Beginn. Ich möchte auf Veränderungen auf der Erde vorbereitet sein."

„So ist hier in der Tatsächlichkeit Eile geboten, aber nicht in Bezug auf Zeit, sondern in Bezug auf das eigene Licht und auf das Vertrauen.
So gibt es nichts von außen, was dich bereichern könnte, auch nichts, was dich wertvoller machen würde im Außen.
So bist du der Stern, den du trägst, selbst. Und so bist du das Licht, was ganz hell leuchtet und immer verbunden ist mit mir, mit der Quelle.
So bin ich die Quelle des Lichts und spreche hier zu der Quelle, die heißt Dietger. So bin ich dankbar für diese Möglichkeit und so möchte ich dich ermuntern, dass du noch einmal bei dem Vertrauen beginnst. Wo ist Vertrauen aufzubauen, wenn nicht zuerst bei sich selbst.
So hast du hier für dich etwas zu tun, nur für dich, nicht für andere im Außen. So ist das gar nicht gewollt und nötig. So wie wir alle dich wahrnehmen und sehen, so erkennen wir deine Absicht und deine Mühe. So ist dies wundervoll, was du bereits getan hast, und so sind dies alles ganz normale menschliche Dinge und Angelegenheiten, mit denen du dich quälst.
So ist es in der Tat eine schöne Frage: Was würde geschehen, wenn sich alle Völker die es gibt wieder vereinigen würden? So ist auch dies mein Wunsch, glaube mir. Das Licht ist unglaublich kraftvoll. So ist es ein Stückweit geschwächt worden durch die vielen Trennungen. So darf ich dir versichern, dass der Wunsch groß ist, weil ich mich sehr wohl daran erinnere, wie strahlend hell und voller Liebe es war, als es geschaffen wurde, als die Sache im Entstehen war.
Aus Liebe geboren, verstehst du? So gab es kein Wollen. So gab es kein Drängen und auch keinen Zwang. Es gab Freiheit. Es gab Möglichkeit. Es gab keine Gewissheit. So ist dies, was ich dir anbieten kann, etwas ganz Wages.

So ist es nichts, was ich dir als festen Gegenstand in die Hand geben kann und doch versuche ich als die Energie, die ich bin, dich aufzuladen von innen und von außen.
So frage ich dich noch einmal: Wenn du jetzt einen Wunsch hättest, so wäre dies ein guter Moment, ihn hier auszusprechen in diesem heiligen Rahmen und in diesem heiligen Raum, den du erschaffen hast. Und wisse, dass du damit ein großes Zeichen gesetzt hast, was nicht wiederkommen kann als Dankeschön in einer Ausdrucksform, die du verstehst oder gar siehst. Dennoch bin ich da und du nimmst mich wahr und du hörst mich.
So geh du bitte noch einmal in das Wort und spreche hier deinen Herzenswunsch noch einmal aus."

„Ist es möglich, sich mit den drei Kleinen Völkern hier in diesem Raum zu treffen und sich auszutauschen? Sich gegenseitig zu unterstützen und zu feiern, oder ist es nur ein Traum?"

„So hast du jetzt hier meine Frage mit einer Gegenfrage beantwortet. Du hast nicht gesagt, was dein Herzenswunsch ist, sondern lediglich danach gefragt, ob dies möglich wäre.
Siehst du, hier ist die Möglichkeit, so du es wirklich hinausgeben kannst in diese Welt, in dieses Sein als Wunsch deines Herzens, deines tiefsten Herzens möchte ich sagen, ist alles möglich.
Wenn du in deiner ganzen Kraft und in deiner Schönheit bist, in dem Zustand eines Nichtwollens, in dem Zustand, dass du glücklich und dankbar bist und zufrieden mit dem, was du bekommst, ohne hier zu erwarten, wenn du da angelangt bist, so das andere dich wahrnehmen als kraftvolle vertrauensvolle Energie.
Sobald das geschehen ist, werden sie dir sicher anbieten zu kommen. Werden sicher dankbar sein, hier etwas vorzufinden, was ihnen geweiht und angedacht ist. So hast du bereits gute Vorarbeit geleistet. Und wisse, dass sie dich natürlich in deiner ganzen Seinsform mitbekommen.
Auch wenn zwischen allem noch ein dickes Polster ist, ist die Energie deutlich wahrnehmbar. So hat es hier keine Hast und keine Eile. So sprach ich dir bereits davon, dass sie sich ohnehin zu be-

stimmten Zeitabläufen regelmäßig treffen, um zusammenzukommen. So ist hier eine Möglichkeit gegeben, sich zu orientieren an den Sonnenfesten.
So bist du dabei, noch mehr Möglichkeiten zu geben und noch andere Menschen davon zu begeistern, einfach zu geben ohne zu erwarten, zu vertrauen auf den Moment, der kommen wird, wenn es dann soweit ist; ohne genaue Zeitangaben zu machen; ohne den Menschen Flöhe in die Ohren zu setzen und sie damit in irgendeine Richtung manipulieren zu wollen.
Wenn du von deiner Liebe und deiner ruhigen und entspannten Art abweichst, bist du nicht bereit, die Impulse und die Kontakte überhaupt wahrzunehmen, die bereit sind, mit dir weiterhin den Kontakt zu halten.
So ist hier geben nach und wie vor heiliger denn nehmen. So dies ist auch ein Sprichwort, nicht wahr. So verstehe, dass der Ausgleich nach wie vor ist von Nöten ist. So erkennst du, dass auch andere Energien dich anticken.
So du dich dafür entscheidest, jeden Tag wieder aufs Neue glücklich zu sein und dein Leben liebevoll zu leben, ohne diese Erwartungshaltung und das, was dich hier in deiner Vorstellung gefangen hält, so ist hier nicht mehr zu tun. So werden Menschen von alleine kommen. Auch dies wurde dir mitgeteilt, sobald du wahrhaft und authentisch bist und nichts willst. So sind die Menschen immer noch an dem Punkt, dass sie wollen und dass sie das Gefühl haben, nicht genug zu haben, um glücklich zu sein, aus verschiedensten Gründen.
Du bist eine wundervolle Energie, gewandelt durch verschiedenste Phasen. So hast du wirklich einen Schatz. Du bist in Wahrheit der Schatz. So wird von dir nicht erwartet, dass du dich hier einbuddelst, sondern dass du einfach du bist, anwesend und präsent. Dass du da bist und dass du jederzeit um Hilfe bitten kannst. Die Energie Farn hat dich hier nicht verlassen und sie berührt dich immer wieder liebevoll, um dich aufmerksam zu machen, dass sie ist da. Und auch Marie lässt hier nicht locker. Nach wie vor ist die Möglichkeit auf allen Ebenen geboten, zusammenzukommen und

auch sich auszutauschen und auch zu feiern, so du dies dann möchtest. Doch bitte, geh hier einen Schritt von dem zurück, was du dafür für nötig hältst und befindest. Versuche es spielerisch in deinen Alltag umzusetzen. Versuche sie an deinem Alltag teilhaben zu lassen.
Versuche so zu sein und so zu leben, als wenn du sie bereits vor dir siehst und sie spürst. Stell dir vor: Ein Wahnsinniger, der einfach auf der Straße mit jemandem spricht, der nicht da ist. Nun musst du dies nicht auf der Straße tun, nicht wahr. Doch du hast die Möglichkeit, dich zu erproben. Du hast hier die Möglichkeit gegeben, etwas Neues entstehen zu lassen.
Du bist hier die treibende Kraft, bist sie gewesen, und bist die, die nach wie vor belebt dieses Feld und dieses Objekt, diesen geheiligten Raum mit deiner Energie. Sei geduldig mit dem, was du empfangen wirst. Achte hier auf Kleinigkeiten, die du bereits schon wahrgenommen hast.
Mutter Erde ist dankbar für das, was du anbietest, und benutzt es ebenfalls als Möglichkeit, für dich den Boden zu bereiten, und sie auch teilhaben zu lassen an diesem neuen Geschehen. Bist du jetzt ein Stück weitergekommen mit dem, was ich dir hier versuche mitzuteilen, oder bist du nach wie vor unzufrieden, was dir hier angeboten wird?"

„Ich verstehe, dass das Grundproblem fehlendes Vertrauen ist. Aber auch in Phasen mit Vertrauen hat die Kommunikation nicht funktioniert."

„So darf ich auch hierzu noch Bezug nehmen. So ist es in der Tat so, dass der Wunsch schon sehr stark ist zu kommunizieren, so möchte ich sagen, dass dies auch eine Idee wohl war, die nicht direkt verworfen wurde, aber möglicherweise dein Wunsch nicht übereinstimmt mit dem, was in der Tat hier möglich ist, aus diesen Kontakten herauszuholen.
Heißt also genau und konkret für dich, dass es nicht unbedingt deine Eigenschaft hier ist, so wie dieses Instrument, in das Wort zu gehen. Und dennoch gibt es hier für dich Möglichkeiten des Aus-

tausches, die jedoch nicht auf Wörter aufgebaut sind. So hat es viele Male gegeben, dass sich dir Farben und Bilder zeigten, die nicht eindeutig einzuordnen gewesen sind. Und doch bist du doch jene Energie, die davon spricht, dass sie die Aura wahrnehmen und sehen kann, und anhand dessen lässt sich auch schon einiges sagen.

So verstehe es ähnlich. So ist es möglich, dass du über ein Sinnesorgan Schwingungen wahrnehmen kannst, die sich in deinem Inneren dann formen können. Sei es, dass du ein Wort hast im Inneren. Sei es, dass du eine Szene siehst, als sei sie aus einem Film. So sind dies Möglichkeiten. Ebenso ist hier über das Berühren Ausdruck und Kommunikation möglich. Jetzt fragst du dich: Ja wie soll ich wohl die Energie berühren, wenn ich sie nicht einmal sehe, nicht wahr? So ist dies nicht nötig. So wünsche dir den Kontakt.

Wünsche dir, dass sich Marie in dieses Feld hinein begibt, und strecke dein Herz aus. Strecke du deine Hand aus. So nimm du dir lieber mal die Zeit für dich und lasse Dich berühren, und lass es auf dich wirken. So hast du vielleicht das Gefühl, dass es ein Windhauch ist, der dich kitzelt oder ein Käfer, der auf deiner Haut landet.

Aber das ist dir nicht genug. Du willst etwas anderes. Ich verstehe, doch wisse, dass auch über all diese Dinge, die dir nichts sagen, bereits Kommunikation stattfindet.

Das einzige, was es dazu bedarf ist, dass du reinen und offenen Herzens bist, und dass du den Wunsch wirklich intensiv äußerst, und dass du es wiederholst und es nicht aufgibst.

So nimm du dir die Zeit und mache eine kleine Reise durch deinen Garten, berühre die Pflanzen, lade das Kleine Volk ein und mache einen Rundgang. Nicht wichtig, dass du sie in der konkreten Form siehst. Wisse, dass sie anwesend sind.

Wisse, dass ich bin immer anwesend, auch wenn es nicht heller Tag ist und du das Licht nicht siehst. Ich bin da, so wie es zu jeder Zeit und zu jeder Sekunde in dir wohnt. Wir sind alle verbunden, auch wenn es außen nicht sichtbar wird. So bist du hier und das ist

ausreichend. Sage nur nicht: Ich gebe auf. So sind in der Tat viele, die sind da und die dich bereits begleiten davon überzeugt, dass es andere Möglichkeiten der Kommunikation gibt. Wisse, dass sie nicht glücklich darüber sind, dass es ist nicht das ist, was ebenfalls ihrer Vorstellung entspricht.
So haben alle Seiten hier zu verstehen, dass es vor allem von Nöten ist, Vorstellungen fallen zu lassen. So wie ein Tuch, das wirklich mal in die Wäsche sollte. Nimm sie weg aus deinem Leben, die Vorstellung und die Erwartung. Sei bereit, liebevoll zu sein und zu dienen vor allem hier dir selbst, dass du lebst für dich glücklich und voller Vertrauen.
Suche nicht die Liebe im Außen und suche sie nicht bei anderen. Solange du sie nicht wirklich aus deiner eigenen Mitte spürst, wirst du hier nur ein Feld der Resonanz anziehen, das du bereits kennst, und was dir und deiner eigenen Wahrheit und Wahrhaftigkeit nichts bringt.
Wisse, dass es ist wohl ganz menschlich, hier das Bedürfnis nach Liebe zu haben und zu verspüren, sich danach zu sehnen, und doch weißt du auch in deinem tiefsten Inneren, dass man es nicht anziehen kann, sondern es für alles einen richtigen Moment und eine richtige Zeit gibt. So versuche bei dir zu bleiben und dich selbst gut zu versorgen und zu lieben mit all den Teilen, die du verkörperst. So verstehe, dass du sehr daran beteiligt bist, dass die Völker hier wieder Grund dazu haben wieder zusammenzukommen und darüber zu beratschlagen.
Du hast schlussendlich durch deine eigenen Erinnerungen und das, was du erfassen wolltest, dazu mit Anstoß gegeben. Doch bitte ich hier noch einmal: Gehe nicht in die Erwartungen, dass hier sind alle total darauf gespannt, was passiert. Sie sind total vorsichtig mit dem was passiert, das ist wahr. So wärst du auf der anderen Seite, würde es dir ähnlich gehen.
So ist hier Energie, die gerade in diesen Kreis hineinfließt und ich bitte dich, dich dafür einen Moment zu öffnen.
So gebe ich jetzt hier aus einem bestimmten Grund und Impuls eine Farbe, die du nennst violett, hinein. Dies ermöglicht noch

einmal, alles das was ist und was kommen wird für dich, auf einer höheren Ebene wahrzunehmen. Sozusagen versuche ich jetzt damit, dich und alle, die du hier einlädst, ein Stückweit zu sensibilisieren mit dem Farbspiel, mit dem Lichtspiel in violett und lila. So du auch die Farbe Purpur kennst, versuche diese drei zu nehmen. So versuche, sie in dich aufzunehmen. So wenn du dich hier in diesem Kreis befindest, ist das das Farbspektrum, das gebraucht wird, um euch und alle miteinander zu verbinden. So ihr dies denn wirklich aus wahrem und vollem Herzen wollt.
So soll Liebe das sein, was euch trägt und verbindet. So sei du wachsam mit dem, was du hinaus sprichst. Wisse, dass auch all das geht seinen Weg und dass es vielleicht vorerst sage ich lieber nötig ist, Vertrauen aufzubauen und noch nicht so weit hinaus zu rudern und alle mit ins Boot zu holen. Verstehst du hier, was ich meine und dir sagen möchte."

„Ja."

„So ist dies vielleicht auch ein wichtiger Hinweis, um die Möglichkeit zu schaffen, etwas wachsen zu lassen und nicht gleich jeden daran teilhaben lassen zu wollen. So benutze diesen Raum vorerst als deinen und als euren Raum.
So versuche wie gesagt, es in deinen Alltag zu integrieren gerade so, als wenn du gerade mit dem Hund hinausgehst. So brauchst du nicht Stunden zu verbringen, doch wenn du in diesen speziellen heiligen Ort gehst, so wisse, dass du hier Möglichkeit hast, etwas aufzubauen und entstehen zu lassen. Ich bitte dich, mache hier keine Grenze, die zeitlich für dich wichtig ist, sondern versuche einfach, dich an dem was du siehst, und seien es noch so winzige Kleinigkeiten, dich an ihnen zu erfreuen.
Geh in das Wort und sprich zu ihnen. Auch wenn du nichts zurück hörst, wirst du Resonanz in deinem Inneren haben.
Bitte um Zeichen. So ist dies mein Vorschlag und so ist dies die Möglichkeit, hier etwas wachsen zu lassen, was bereits gekeimt ist. So ist hier gesagt, was gesagt werden konnte. Wisse, dass all deine Bemühungen sind nicht erfolglos und umsonst. Wisse ebenso, dass

auch wenn du nicht die ganze Welt daran teilhaben lässt, dass du mit dem was du tust nicht nur für dich große Veränderungen, sondern für alle bewirkst, und nicht nur für die Menschen und das Kleine Volk und die Völker, sondern für die Erde und für alles, was ist.
Du bist ebenso Licht und so sind wir für immer verbunden. Seit es den Anfang dieses Experimentes gibt, war jede einzelne Seele eingeladen, daran teilzuhaben. Wisse, es geht nur um die Liebe.
Das ist kein Geheimnis, vielfach schon gehört, nicht wahr. Die Umsetzung ist doch so schwer, dass es dauert und dauert und dauert. So sei du jener, der hier etwas trägt hinein in den Kreis, was er einmal verloren hat. Das mögen die Geduld und das Vertrauen sein. So versichere du dies für dich selbst. Mehr ist hier nicht zu tun. Große Dankbarkeit beflügelte mich zu Worten, die ich hier sprach und spreche zu dir. Ich liebe dich. Ich liebe dich. Ich liebe dich. Ich liebe dich."

„Ich liebe dich auch."

„So sei es und so gehe ich nun aus dem Instrument und gebe über euch noch einmal intensive Farbschwingung und bitte euch noch einen Moment hier im Kreise zu verweilen und die Energie zu spüren und nochmal bei sich zu sein, für sich einen Herzenswunsch zu äußern, der muss nicht gehen hinaus, sondern der sich in deinem und in eurem Inneren hält. So danke ich dir, versichere dir meine Aufrichtigkeit und dass ich sprach aus Liebe.
So bin ich in der Dankbarkeit mit dir verbunden und bitte dich, so dies dein Wunsch und dein Wille ist, mich immer, wenn du es für nötig hältst, direkt anzusprechen.
So bin ich dir das Licht und immer da."

Nach dieser Sitzung war mir nur eines klar: Für eine wirkliche Zusammenarbeit mit den „Unsichtbaren", musste ich meine eigene Liebesfähigkeit und mein Vertrauen in mich und in meine Schöpferkraft weiter steigern! Nur wenn ich voller Licht bin, können

Freundschaften zwischen mir und den Energien aus anderen Welten entstehen. Nur wenn ich voller Licht bin, ist es möglich, dass sich alle Welten – zumindest für mich - wieder verbinden. Ich hoffe durch den Bau eines gemeinsamen Versammlungsraums, einen würdigen Grundstein für die Verbindung der Welten gelegt zu haben.

Abschlussgespräch mit der Dreiheit

Zum Abschluss dieser Reise blieb nur noch eins: Bevor ich mit meinen Erlebnissen in die Öffentlichkeit gehe, wollte ich mich vergewissern, ob alle erwähnten Energien mit der Veröffentlichung zum jetzigen Zeitpunkt auch einverstanden sind.
Vielleicht wollten sie ja auch noch zusätzliche Inhalte ergänzen oder hatten eigene Vorstellungen, welche Inhalte für sie von besonderer Wichtigkeit sind.
Also auf zum Abschlussgespräch mit den Energien! Auf zu Anja!

Joshua

„So ist es mir eine große Freude, dich hier in der Anwesenheit zu begrüßen, um vorzutragen, was Idee, Wunsch und Wille hier ist. So hat es einen Moment gedauert, bis wir uns einig waren. So haben wir hier einen Kreis gebildet. So ist in dem Kreis Dreipunktenergie enthalten. So kannst du es dir vorstellen und in Zusammenhang bringen mit der Begrifflichkeit, die du kennst als die

Dreiheit. So ist jene Energie gewählt worden, die hier das bringt zum Schwingen, was hinausgehen darf und was hinausgetragen werden möchte. So bin ich Joshua die Energie, die hier gewählt wurde, hier zu dir zu sprechen, um mitzuteilen das, was es hier zu sagen gibt auf der Seite, auf der wir uns befinden.
So sei gegrüßt. So sei willkommen und so fühle dich einen Moment geborgen. Nehme dir einen Moment Zeit.
Verinnerliche dieses Bild, dass du bist Teil dieses Ganzen und dass wir sind dieser Energie, die sich nun bildet in diesem Raum, teilhaftig. So gehe hier einen Moment in die Stille. So darf ich dich darauf aufmerksam machen, dass ich bin hier nur jener, der mit dir spricht über diese und jene Angelegenheiten. So ist dies, was ich zu sagen habe, nicht allein meine Idee. So ist dies nicht allein mein Gedankengut. So bin ich hier die Energie, die versucht, dich zu erreichen mit dem, was ist die Schwingung und was ist das Wort der Liebe.
So bitte ich dich hier, in dein Wort der Liebe zu gehen. Auch wenn uns dein Wunsch und deine Absicht der Frage hier klar sind, so bitte ich dich dennoch zu sprechen und in jedes Wort hinein zu spüren. So trage bitte vor, was du wissen möchtest zu diesem Treffen hier."

„Ich habe unsere Treffen mit der Dreiheit, mit Marie und dem Kleinen Volk jetzt in schriftlicher Form zusammengefasst. Ich möchte wissen, ob ihr Bedenken habt, dass diese Informationen jetzt nach außen getragen werden?
Die zweite Frage ist:
Möchtet ihr noch etwas transportieren, was bisher noch nicht ausreichend gewürdigt wurde?"

„So danke ich dir für deine Fragen. So danken wir dir dafür, dass du das ausspricht, was dir wichtig ist.
So ist dies eine große Geste des Respekts, die du uns zollst und so sind wir dankbar dafür, dass du das Wort ergriffen hast und dass du hier nicht die eine oder die andere Energie umgangen hast. So kann ich dir hier mitteilen, dass es verschiedene Ansichten gibt,

doch ist hier in Übereinkunft beschlossen worden, dass es hier nichts gibt, was wir länger zurückhalten müssten.
Die eine und die andere Energie scheint sehr froh zu sein, dass hier etwas in eine Bewegung gebracht wird, die nun ihren Weg von dem Außen in die Mitte finden, um das Zentrum zu erreichen. Ein wundervoller Gedanke.
So gibt es auf der anderen Seite durchaus jene, die zaghaft sind, am Zweifeln sind, unentschlossen sind. So kannst du dir vorstellen, dass sie ein wenig in der Minderheit sind. So haben wir gemeinsam hier versucht, sie davon in Kenntnis zu setzen, dass es auch auf der Seite, die sie noch nicht erblicken, neue Möglichkeiten für sie gibt, die durchaus interessant sein könnten.
So haben wir sie davon überzeugen können, dem Ganzen, dem was ist alles das, was ist die Liebe hier in allem enthalten, eine Chance zu geben. Somit auch sich selbst. So ist hier das eine und das andere beschrieben worden, das ich oder das wir dir auf den Geist als Bild gaben.
So ist dieses Bild gewählt worden durch die Resonanz, die wir zu dir spüren und so ist dieses durch das zustande gekommen, was hier das Instrument an Möglichkeit hergibt. So haben wir hier immer versucht, das zu transportieren, was das Gefühl zu dir ist, so dass du dieses verinnerlichen kannst.
So ist es gewollt und gewünscht, dass du hier im Reinen mit dir sein kannst, wo du dich hast doch so viele Male hinterfragt. So habe ich und so haben wir hier nicht den Eindruck, dass du aus Gründen heraus handelst, die man als egoistisch bezeichnen könnte. So ging es hier häufig um das Vertrauen und die Freundschaft. So ist dies das, was sich alle wünschen.
So hast du gezeigt, dass du eine Absicht hast, die von Herzen kommt. So hast du Recht, wenn du sagst, dass auch die andere Seite doch mal ein Stück weiter vertrauen dürfte in das, was geschieht und in die Hilfe und in die Hand, die hier gereicht wird. So sind wir dabei. So ist nichts, was dagegen spricht. So ist es von dir sehr großzügig hier, uns noch einmal die Möglichkeit zu geben, dass wir noch weitere Informationen von dem geben könnten, was

wir hin zu dir transportieren möchten, es durch dein Handeln und durch deine Hand möglicherweise hin zu jenen zu bringen, die bereits offen für das sind, was ist das Neue.
So ist viel gesprochen worden über dieses und über die neue Liebe und über viele Begrifflichkeiten, die doch jede Seele anders definiert, nicht wahr. So ist der Wunsch groß, das zu transportieren, was die Quelle hier wollte; dass jede Energie hier weiß, dass sie unbegrenzte Möglichkeiten hat, aus denen sie schöpfen kann, aus denen sie verändern kann, um in die Handlung zu kommen.
So ist es gut, dass es hier diese Möglichkeit gibt aufzuzeigen, dass hier Handlungen möglich sind, die alleine aus einer herzlichen Absicht heraus kommen.
So ist dies schon ein großer Teil des Wunsches, den wir noch einmal ganz deutlich transportieren möchten. Nichts gibt es zu gewinnen, nichts zu verlieren und doch sei hier noch einmal erwähnt, dass die Möglichkeiten des Veränderns, die Möglichkeiten, was du nennst Glück, so vielfältig sind.
So hast du und so habt ihr bisher nur einen winzigen Teil dessen gelebt. So ist dies euch unbekannt wovon ich spreche. Etwas, das dich ganz ausfüllt. So mehr und mehr Menschen ausgefüllt und angefüllt sind mit Herzlichkeit, so wird es immer leichter, diese Wege, diese Bahnen, die wir hier geschaffen haben, neu zu benutzen. Befahrbar zu machen für mehr und mehr Menschenseelen, die dabei sind, völlig neue Kontakte knüpfen zu wollen.
Sie können sich dieser Information bedienen, dürfen damit herumexperimentieren, mit dem was ist das großartige Gefühl des Glücks und der Liebe. So gibt es hier nicht eine Vielzahl von Dingen, die wir möchten im Augenblick hinzufügen. So habe ich hier zu transportieren, was uns wichtig erschien. Alle Ebenen, alle Bereiche würden davon profitieren, die Netzwerke schließlich ganz und gar ausbaufähig zu machen.
So ist das Einverständnis da. So ist das willkommen, was geboren werden möchte und bereits auf dem Weg ist, hinauszugehen in die Welt. So kannst du bis hierher allem folgen oder gibt es noch eine Unklarheit, die wir besprechen sollten?“

„Bis dahin kann ich folgen."

„So ist es gut. Ich komme noch einmal auf die Energie des Kreises zurück. Du bist ebenso wie das Instrument Teil des Kreises. Jene Energien, die bereits seit einiger Zeit damit beschäftigt und betraut sind, hier eine Brücke zu sein, sind momentan in diesem Kreis. Wahrhaftig zu sein, Vermittler hier zu sein, ein Botschafter. Jeder kann dies sein. Doch bist du und seid ihr die, die momentan diesem Kreis teilhaftig sind. So sind wir die drei Punkte, die in dem Zentrum sind. Alles ist in Bewegung und so bewegst auch du dich an eine andere Position.
Es kann manchmal ruckelig sein. Manchmal geschieht es auch in Zeitlupe, doch es ist in Bewegung. So sind auch wir in Bewegung und so ist es gut, hier und da einen Moment innezuhalten. Zu spüren und auch zuzulassen jene Qualität, die gerade von Nöten ist, um das Ganze hier zusammenzuhalten. So findet sich nach und nach ein Rhythmus ein, der eines Tanzes, so du magst. Auch dies ist nur ein Bild.
Doch es geht nur gemeinsam und es geht nicht, wenn einer aus der Reihe ausbrechen will, vorbeipreschen hier. So vertraue auf den Rhythmus, vertraue dem Zyklus, dem du, dem ihr unterlegen seid. So wie wir sind ebenfalls jenem Zyklus unterlegen. Ich möchte es so benennen, dass es geht ein Stückweit in die Richtung, auf die wir lange haben gewartet. So ist es gut.
So möchte ich dich dennoch bitten, hier noch einmal in dich einzutauchen und dich selbst jetzt und hier zu fragen: Was wünschst du dir für dieses Kind, das du behütest, das du gebierst und das du hinausträgst. Was ist der Wunsch, den du bringst mit in dieses Buch hinein?"

„Dass möglichst viele Menschen von dieser Liebesenergie im Herzen berührt werden und dass es möglich ist, sich wieder mit allem zu verbinden."

„So ist dies ein wunderbares Bild. So ist dies etwas, was schon so lange gewünscht wird, nach dem sich schon so lange gesehnt

wurde. Und auch wenn es hier Befürchtungen gibt, so ist die Kraft der Liebe, die stärkste Kraft. Das, was geboren werden will und das, was geboren werden möchte, immer wieder aufs Neue. Du hast hier Möglichkeiten zu berühren. Verstanden bereits, dass hier Liebe so vielfältig ist. Nicht immer taucht sie auf mit dem Gesicht der Verzückung, der Freude, sondern auch häufig steht die Liebe hinter einem ganz anderen Gewand, hinter einer ganz anderen Geste. Sie hat sich nur versteckt. Sie hat sich nicht getraut, sich zu zeigen.
Denke daran: Auch du hast häufig die Möglichkeit etwas zu geben und anzustiften bereits genutzt. Doch wisse, dass du hier noch nicht die Möglichkeit deiner Herzmitte genutzt hast, um das noch versteckte Schloss zu öffnen. Du wirst es sehr bald entdecken.
So wird es zu dem hinfließen, was ist die Möglichkeit. Große Freude hier mit dir zu sein und so sei mir vergönnt, hier eine Pause einzulegen. So ich darf, möchte ich dich noch einmal weitergeben an jene Energie, die sich mit dem Namen Ghia noch einmal zu Wort melden möchte.
So gehe ich in die Stille. Gehe in das Schweigen. Wisse, ich bin da und ich bin glücklich, dass ich auf diese Art und Weise sprechen konnte, dass ich dir das Vertrauen geben kann. Das, was wartet, es ist gut und es ist hell und es leuchtet. So ist das, was ebenfalls hier sprechen möchte zu dir, ebenfalls klar und leuchtend.
So bitte ich dich hier zu dich selbst zu begrüßen, noch einmal nehme dich an diesem Ort wahr, an diesem Platz, an diesem Teil, an dieser Möglichkeit von Erde. So verabschiede ich mich und gebe dich ab."

Ghia

„Sei auch du hier eine Energie, die nicht nur davon spricht, sondern versuche auch du noch einmal in diesen Kontakt mit der Erde zu treten. So sind auch deine Freunde über die Berührung von Erde und von deiner Neugierde, von Freude beseelt, so du dies tun würdest. Wisse, es hat mit Hingabe zu tun. Ich bin mir im

Klaren darüber, dass du hier und da stockst. Findest einen kleinen Faden, den du nehmen magst und legst ihn dann doch wieder beiseite. So sei offen für das, was dir angeboten wird. Gehe ein Stückweit mehr in die Betätigung, in dass, was ist das Erspüren des Neuen.

So kannst du dich doch an dem erfreuen, was wächst und gedeiht und wisse, je mehr du dich dem zuwendest, was du vor der Tür hast, gut sorgst für dich und für das, was ist dein Fleckchen Erde, so wisse, dass auch noch besser gesorgt werden kann für dich, für die Verbindung und für den Zuspruch, den du dir doch auch für die Verständigung wünschst.

So sind viele Energien bereit und sie wünschen sich die Möglichkeit, sich hier zu zeigen. Sich zu zeigen in Form von einer Qualität, die ich nennen würde die Berührung der Natur. All diese sind nur Wörter. So kann auch eine Berührung mit den Augen stattfinden. So kann sie mit den Ohren stattfinden.

Du hast selbst schon über die Sinne gesprochen. So wisse, dass du sie noch vielfältiger einsetzen kannst. Sie schulen, um mich zu berühren und sie zu berühren ebenso.

So danke ich für die Möglichkeit. Hoffe, dass du dein Herz weit aufmachen kannst. Kannst dich berühren lassen von dem, was ist die Dreiheit.

So ich weiß, dass du die Energie Michaels sehr schätzt und sehr ehrst, wisse, dass er ist hier, dass er ist in der Mitte. Er ist strahlend und präsent. Sei dir sicher, dass die Energie strahlt hin zu dir, und dass sie strahlt in diesen Zeiten weit. So ist gesagt, was wichtig war und nicht von Nöten, hier noch einmal das Wort zu wechseln und abzugeben.

So ist das, was du empfangen kannst von ihm, das Gefühl der Berührung, der Ausstrahlung, der Größe und des Lichtes des Herzens, was sich hier ganz weit aufmacht. So seid ihr alle verbunden in dem großen Kreis, was ich nenne das Ganze. So bin ich da und so ist es gut, dass du bist da ebenso. Ich gehe nun in die Stille. Gebe dir hier noch einmal Möglichkeit, so dies dein Wunsch ist, eine

Frage an mich zu stellen oder hier das Wort des Abschlusses zu sprechen."

„Wird es in naher Zukunft möglich sein, dass ich euch oder die Kleinen Völker auch verstehe?"

So ist hier jeder mit einer Gabe und einem Talent gekommen, das sich ausbaut, das sich weiterentwickelt, welches ebenso kann diese Bahnen des Netzes benutzen. Schön, dass du sie gesehen hast, die Spinnenweben. Du kannst dir ruhig vorstellen, dass sie Bahnen sind. Ebenso sind sie Verbindungswege. Auch du hast diese Möglichkeit. Benutze unsichtbare Verbindungswege und versuche dein Netz zu weben.
So versuche zu beleben, was dein Wunsch ist und was dein Ausdruck sein kann, hin ins Außen.
Das kann ich dir mitgeben als Idee, als Hinweis auf deinen Weg. Sei offen für die Wunder und wisse, dass nach wie vor die Gruppen des Kleinen Volkes dazu bereit sind, sich im Verdichten zu üben. Nach wie vor ist jedoch dieses Polster vorhanden. Dennoch gibt es hier jene, die nicht aufgeben, deren Wunsch absolut identisch mit dem deinen ist. Und so sehe ich hier, dass die Verbindung nur durch die Liebe, durch das Netzwerk der Liebe entstehen kann und sein darf und dass hier doch schon so oft von der „Neuen Erde" und von der neuen Freiheit der Liebe gesprochen wurde. Sie kann kommunizieren. Der Ausdruck wird sich verändern. Du wirst dich ein Stückweit mit verändern.
So darf ich hier nun aus dem Instrument gehen. Auch dankbar ihr gegenüber zu sein, dass sie diese Möglichkeit zur Verfügung stellt. So weiß ich, dass auch sie sich in einem Zustand der Veränderung befindet.
So darf ich noch einmal erwähnen, dass die Zeiten auch sehr turbulent sein können. Erinnere dich, dass es den Rhythmus gibt. So wirst du ihn fühlen und lernen, ihn für dich und für alles zu nutzen, was du erschaffen möchtest mit deiner Idee.
Die Idee möchte ich hier noch einmal besonders in Verbindung bringen mit dem ‚Experiment Liebe'.

Dankbar und voller Freude verabschiede ich mich von dir und freue mich auf das, was hier auf dich wartet und auf uns. Gott zum Gruße sage ich dir, auch wenn das nicht mehr der Spruch ist, den das Instrument verwendet. Doch ist auch jene Energie Teil des Ganzen, wie du und ihr und ich es bin."

Der Blick aufs Ganze

Am Anfang der Entdeckungsreise zu mir und zu den „unsichtbaren Welten" stand ein gigantisches Lichtrad. Und heute? Hat es mein Leben bereichert? Bin ich jetzt glücklicher? Ich kann natürlich nicht sagen, wie mein Leben ohne diese Erfahrungen aussehen würde. Wäre ich zufrieden und glücklich? Ich lebe heute intensiver, ausgeglichener. Erkenne schneller, warum es mir in bestimmten Situationen nicht gelingt, voller Liebe und Vertrauen zu sein.

Bin heute öfter „voller Licht" und ich kann aus voller Überzeugung heute immer öfter sagen: Ich liebe mich selbst! Zu dieser Überzeugung zu gelangen, ist mir nicht gerade leicht gefallen, hat es doch schon zu Beginn meines Lebens gravierende Ereignisse gegeben, die meine Muster geprägt haben.

Von: Du bist nicht gewollt bis: Ich bin in Liebe mit allem verbunden, war ein langer, oft schmerzvoller Prozess. Ein Weg vom fehlenden Urvertrauen hin zu einem Leben mit dem Bewusstsein: Ich bin eigenverantwortlich! Ich entscheide mich jeden Tag neu, glücklich zu sein, ein Leben voller Liebe zu führen, ohne Erwartungen, auch wenn ich anerkennen muss, dass es auf diesem Weg immer wieder Rückschläge geben kann.

Neu in mein Leben getreten ist eine Liebe ganz anderer, ganz besonderer Art; die Liebe zu den „Unsichtbaren"! Mich dafür geöffnet zu haben, war eine der besten Entscheidungen, die ich für mein Leben treffen konnte. Ohne diese Entscheidung wäre es mir nie möglich gewesen, mich mit allem was ist, verbunden zu fühlen, wäre es mir nie möglich gewesen, eine Liebe zu spüren, die ein so unbeschreibliches Glücksgefühl auslöst, dass ich schreien könnte vor Glück und die mich erahnen lässt, welche Möglichkeiten sich erschließen könnten, wenn sich alle Welten wieder miteinander verbinden würden.

Die Erfahrungen mit den „Unsichtbaren" hat aber auch meine, bis dahin verklärte Sicht auf die „Geistige Welt", revidiert. Auch ihre

Welt ist nicht heil. Auch dort gibt es Energien, die voller Liebe sind und es gibt Energien, die durch schmerzvolle Erfahrungen, voller Misstrauen gegenüber den Menschen sind, die keine Wiederaufnahme der Verbindung mit den Menschen anstreben, die alles lieber so lassen wollen, wie es ist.
Es gibt auch dort Energien, die mutig sind und Energien, die voller Angst sind, genauso wie bei uns Menschen.
Der Blick aufs Ganze zeigt mir noch deutlicher als je zuvor, wie stark unser Handeln Auswirkungen auf alle Welten, die sichtbaren und die unsichtbaren, hat. Er zeigt mir aber auch, wie wichtig es ist, voller Liebe, Dankbarkeit, Respekt und Mitgefühl zu sein. Diese Reise hat mich auch zu einer neuen Sicht von Innerer- und Äußerer Ökologie gebracht.
Ohne den Frieden im Inneren, gibt es auch keinen Frieden im Äußeren! Aus Angst, Isoliertheit und Enttäuschung, lässt sich keine Zukunft gestalten, weder für uns noch für zukünftige Generationen.
Wenn es uns gelingt, unsere Erde in ihrer ganzen Schönheit und Fülle zu sehen, bekommen wir ein vollständig neues Bild der Verbundenheit mit allem, aber auch der Verletzlichkeit unserer Welten und sind bereit, unseren wunderschönen Planeten zu schützen. Neu in mein Leben getreten ist nicht nur eine mich tief berührende, allumfassende Liebe zu Allem was ist; auch das Gefühl, angekommen zu sein.

Mit der Verbundenheit zur Dreiheit und zum Licht habe ich auch meinen Schlüssel zum Glück gefunden. Durch ihre Unterstützung war und ist es mir möglich, mich als spirituelles Wesen wahrzunehmen und mich so anzunehmen wie ich bin - voller Licht.

Meine Ratgeber in Sachen „Kommunikation mit den Kleinen Völkern" - Farn, Marie, Joshua und Ghia - sind sich einig: Meine besondere Qualität ist die Kommunikation von Herz zu Herz! Nur durch diese Qualität des Herzens kann es mir gelingen, sie zu verstehen und nur so kann ich ihre und meine Welt wieder verbinden! Erst wenn mein Herz „randvoll mit Liebe ist, tut sich der Mund von alleine auf und spricht die Worte, die das Herz hier sonst zum Überlaufen bringt".

In dieser Form erstmalig haben drei mächtige Energien ihre besonderen Qualitäten gebündelt, um die Kraft des Weiblichen und die Kraft der Liebe auf unseren Planeten zu bringen.
Diese neue Dreiheit mit
Michael (Erzengel) in seiner neuen Rolle als Verbindungsglied zwischen den Welten.
Joshua Ben Joseph (Jesus), der auch heute noch die Herzen der Menschen berührt.
Ghia (Erde) als Weiblichkeit pur, die die männliche Dominanz nicht mehr erträgt.

Aus tiefster gegenseitiger Verbundenheit und Liebe unterstützen diese kraftvollen Energien uns Menschen dabei, Anteile die wir nicht mehr benötigen loszulassen und verloren gegangene Anteile unserer Seele wieder zu integrieren.
Dadurch eröffnen sie uns allen unbegrenzte Möglichkeiten, ein glücklicheres und sinnvolleres Leben zu führen und unsere Herzenswünsche zu verwirklichen.

Nur Mut! Wir sind die Schöpfer unserer Realität!
Unterstützt von der Dreiheit können wir uns und alle Welten verändern!

Und unser Planet - die Erde?
Kann sie sich gegen die globalen, männlich-dominierten Zerstörungskräfte behaupten?
Um bei Tolkiens Bild im „Herr der Ringe" zu bleiben: Wer gewinnt den Kampf um Mittelerde? Die „Krieger des Lichts" oder die „Mächte der Dunkelheit", die bei immer knapper werdenden Ressourcen, immer rücksichtslosere Kriege gegen die Erde und ihre Bewohner führen, um ihre Macht zu erhalten?
Sind das letzte verzweifelte Gefechte des „männlichen Prinzips"?

Die Erde verfügt mit Michael und Joshua Ben Joseph über zwei mächtige „Gefährten" im Kampf gegen die männlich-dominanten

Zerstörungskräfte. Sie hat sicherlich große Chancen, den Kampf auch siegreich zu bestehen! Und wir? Was geschieht mit uns Menschen bei diesem Kampf? Werden die Menschen, deren männliche und weibliche Anteile nicht im Gleichgewicht sind, dann von der „Puren Weiblichkeit" weggeschwemmt, wie es die Erde angedroht hat? Gibt es für uns Menschen überhaupt noch eine Zukunft auf diesem wunderschönen Planeten? Könnten wir Menschen einen Wandlungsprozess auf unserem Planeten unterstützen, vielleicht sogar beschleunigen?

Meine Entdeckungsreise hat mir eindrucksvoll vor Augen geführt: Wir müssen bei uns selber anfangen und mit unseren Lebensthemen und mit unserem Umfeld „Frieden schließen". Nur wenn wir selber voller Licht und Liebe sind, voller Leichtigkeit und Lebensfreude, strahlen wir diese Schwingung auch aus.

Nur so werden wir zur Flamme, die andere entflammt und nur so können wir eine Bewegung anstoßen, die schließlich den ganzen Planeten „überflutet"! Eine Bewegung, die sich für einen respektvolleren Umgang mit der Erde, für neue Lebens- und Wirtschaftsformen des friedlichen Miteinanders einsetzt.

Nur so können wir einen Wandlungsprozess auf unserem Planeten einleiten, der auch uns Menschen eine lebenswerte Zukunft auf der Erde ermöglicht!

Die Zeit scheint überreif für einen neuen, respektvolleren Umgang mit der Erde! Reif für eine Ressourcenwende! Reif für eine neue globale Freiheits- und Friedensbewegung aller Völker und Welten! Reif für eine Neue Freiheit der Liebe! Reif für die Verbindung aller Welten - der sichtbaren und der unsichtbaren!

Nachbetrachtung

Meine Entdeckungsreise begann vor nunmehr 16 Jahren. Ich durfte Erfahrungen sammeln, die mein Leben bunter und sinnvoller werden ließen. Heute kann ich sagen: Es hat sich gelohnt, diesen Weg zu gehen.

Trotz dieser positiven Bilanz bleiben aber auch Fragen offen: Was hatte ich wirklich gesehen? Waren einzelne Lichterscheinungen Abbilder meiner Seele, oder meiner Psyche?

Kamen sie aus meinem Inneren oder habe ich Einblicke in mir bisher unbekannte Welten im Außen bekommen?

In Welten, die wir sehen, hören, riechen oder fühlen können, wenn wir uns ihnen öffnen?

Ging es mir wie Peter Pan, der auf der Suche nach mehr Leichtigkeit und Lebensfreude, viele Abenteuer im „Wunderland" bestreiten durfte, weil er an diese Welten glaubte?

Für mich sind diese Welten real!

Sie sind Teil meiner Wirklichkeit und Teil meines Verständnisses der Welt, in der wir leben. Ob die Bilder Teil meines Unbewussten sind oder nicht, ist dabei für mich unerheblich. Entscheidend für mich ist, welche Wirkung die Bilder auf mein Bewusstsein hatten. Die Welt der Kleinen Völker hat mehr Leichtigkeit in mein Leben gebracht, aber auch mehr Verständnis für die Auswirkungen unseres Handelns auf alle Netzwerke des Lebens – die sichtbaren und die unsichtbaren.

Und wie sieht es nun mit dem „gechannelten" Wissen aus? Entspricht es der Wahrheit?

Nachdem ich mit eigenen Augen dieses übergeordnete Lichtenergie-Feld gesehen habe, kann ich es mir leichter vorstellen, dass alles Wissen unseres Universums in diesem Feld als Schwingung enthalten ist. Der Schlüssel zu diesem Feld scheint eine intensive emotionale Verbindungsleitung zu sein.

Zu allen Zeiten gab es Menschen, die mit der Gabe ausgestattet waren, in Resonanz zu diesen unterschiedlichen Schwingungen zu treten. Die Schwingungen in Worte umzuwandeln

Sind diese, wie man heute sagt „Channel-Botschaften" also alle wahr?
Nach meiner Erfahrung gibt es keine absoluten Wahrheiten!
Zum einen können alle Energien auch nur ihre Wahrheit weitergeben, also die Informationen, über die sie verfügen. Es gibt scheinbar kein globales Internet mit Zugriffmöglichkeit für alle. Nur wenige, mächtige Energien haben Zugang zum übergeordneten Lichtenergie- Feld.
Über die Vernetzung aller Baumwesen haben diese Baumenergien sicherlich einen Zugang zum „Wissensschatz der Bäume", die Welt der Engel oder die Welt der Völker der Innererde bleibt ihnen aber weitgehend verborgen und fremd.
Neben den Wahrheiten der Energien wird die Wahrheit des Channelns natürlich auch geprägt durch das „Instrument". Durch den Wortschatz des Instrumentes, der den Energien zur Verfügung gestellt wird und durch die Intensität der emotionalen Verbindung zu den gechannelten Energien.
Beim Channeln geht es meistens darum, durch Worte und bildhafte Darstellungen von Inhalten, ein Gefühl zu vermitteln, das der Adressat verinnerlichen kann.
Alles sind nur Worte. Worte lassen Bilder in uns entstehen. Jeder interpretiert diese Bilder für sich. Es gibt also immer nur individuelle Wahrheiten.
Die gleiche Fragestellung kann zu unterschiedlichen Antworten führen. Antworten sind immer auch abhängig vom Medium und von der Person, die eine Antwort sucht. Dass ich auf meiner Entdeckungsreise zu mir dem Medium Anja Naumann begegnete, dass sich die Dreiheit und die Kleinen Völker zu Wort meldeten, hat sicherlich viel mit mir und mit meinen Themen zu tun. Eine aufregende und einschneidende Erfahrung bleibt es allemal!

Zeitfracht Medien GmbH
Ferdinand-Jühlke-Straße 7
99095 Erfurt, Deutschland
produktsicherheit@kolibri360.de